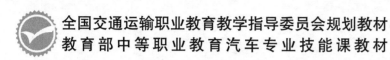

全国交通运输职业教育教学指导委员会规划教材
教育部中等职业教育汽车专业技能课教材

Kehu Guanxi Guanli
客户关系管理

全国交通运输职业教育教学指导委员会　组织编写
中国汽车维修行业协会
喻　媛　主　编
李　娜　黄　懿　何远川　钟雪勤　副主编

人民交通出版社股份有限公司
China Communications Press Co.,Ltd.

内 容 提 要

本书是全国交通运输职业教育教学指导委员会规划教材,全书共分为7个项目:客户关系管理概述、客户分析及分类、客户开发管理、客户接待、客户关系维系与管理、客户抱怨分析与处理、客户关系管理软件使用。以汽车销售企业岗位工作任务为引领,注重学员的实战应用,条理清晰,通俗易懂,实用便学。

本书可作为中职院校汽车整车与配件营销专业的教材,也可作为相关行业的客户关系管理方面的培训教材。

图书在版编目(CIP)数据

客户关系管理 / 喻媛主编. —北京:人民交通出版社股份有限公司,2017.7

全国交通运输职业教育教学指导委员会规划教材. 教育部中等职业教育汽车专业技能课教材

ISBN 978-7-114-12539-3

Ⅰ.①客… Ⅱ.①喻… Ⅲ.①企业管理—供销管理—中等专业学校—教材 Ⅳ.①F274

中国版本图书馆 CIP 数据核字(2015)第 243207 号

书　　名	客户关系管理
著 作 者	喻　媛
责任编辑	时　旭
出版发行	人民交通出版社股份有限公司
地　　址	(100011)北京市朝阳区安定门外外馆斜街3号
网　　址	http://www.ccpress.com.cn
销售电话	(010)59757973
总 经 销	人民交通出版社股份有限公司发行部
经　　销	各地新华书店
印　　刷	北京市密东印刷有限公司
开　　本	787×1092　1/16
印　　张	13.25
字　　数	300 千
版　　次	2017 年 7 月　第 1 版
印　　次	2017 年 7 月　第 1 次印刷
书　　号	ISBN 978-7-114-12539-3
定　　价	30.00 元

(有印刷、装订质量问题的图书由本公司负责调换)

编审委员会

主　　任：王怡民(浙江交通职业技术学院)

副 主 任：刘建平(广州市交通运输职业学校)　　杨经元(云南交通技师学院)
　　　　　赵　琳(北京交通运输职业学院)　　　张京伟(中国汽车维修行业协会)
　　　　　陈文华(浙江交通职业技术学院)　　　王凯明(中国汽车维修行业协会)

特邀专家：朱　军(中国汽车维修行业协会)　　　魏俊强(北京祥龙博瑞汽车服务有限公司)
　　　　　张小鹏(庞贝捷漆油(上海)有限公司)　刘　亮(麦特汽车服务股份有限公司)

委　　员：(按姓氏笔画排序)

　　　　　毛叔平(上海市南湖职业学校)　　　　王　健(贵阳市交通技工学校)
　　　　　王彦峰(北京交通运输职业学院)　　　王　强(贵州交通职业技术学院)
　　　　　占百春(苏州建设交通高等职业技术学校)　刘新江(四川交通运输职业学院)
　　　　　刘宣传(广州市公用事业技师学院)　　齐忠志(广州市交通运输职业学校)
　　　　　吕　琪(成都工业职业技术学院)　　　李　青(四川交通运输职业学院)
　　　　　李雪婷(成都汽车职业技术学校)　　　李春生(广西交通技师学院)
　　　　　李文慧(新疆交通职业技术学院)　　　李　晶(武汉市东西湖职业技术学校)
　　　　　陈　虹(浙江交通技师学院)　　　　　陈文均(贵州交通技师学院)
　　　　　陈社会(无锡汽车工程中等专业学校)　张　炜(青岛交通职业学校)
　　　　　杨永先(广东省交通运输高级技工学校)　杨承明(杭州技师学院)
　　　　　杨建良(苏州建设交通高等职业技术学校)　杨二杰(四川交通运输职业学院)
　　　　　陆松波(慈溪市锦堂高级职业中学)　　何向东(广东省清远市职业技术学校)
　　　　　邵伟军(杭州技师学院)　　　　　　　周志伟(深圳市宝安职业技术学校)
　　　　　林育彬(宁波市鄞州职业高级中学)　　易建红(武汉市交通学校)
　　　　　林治平(厦门工商旅游学校)　　　　　胡建富(浙江交通技师学院)
　　　　　赵俊山(济南第九职业中等专业学校)　赵　颖(北京交通运输职业学院)
　　　　　荆叶平(上海市交通学校)　　　　　　郭碧宝(广州市交通技师学院)
　　　　　姚秀驰(贵阳市交通技工学校)　　　　崔　丽(北京市丰台区职业教育中心学校)
　　　　　曾　丹(佛山市顺德区中等专业学校)　蒋红梅(重庆市立信职业教育中心)
　　　　　喻　媛(柳州市交通学校)

秘 书 组：李　斌　翁志新　戴慧莉　刘　洋(人民交通出版社股份有限公司)

前言 Preface

  为深入贯彻落实全国职业教育工作会议精神和《国务院关于加快发展现代职业教育的决定》，促进职业教育专业教学科学化、标准化、规范化，教育部组织制订了《中等职业学校专业教学标准（试行）》。全国交通运输职业教育教学指导委员会具体承担了汽车运用与维修（专业代码082500）、汽车车身修复（专业代码082600）、汽车美容与装潢（专业代码082700）、汽车整车与配件营销（专业代码082800）4个汽车类专业教学标准的制定工作。

  根据教育部《关于中等职业教育专业技能课教材选题立项的函》（教职成司函[2012]95号）文件精神，人民交通出版社申报的上述4个汽车类专业技能课教材选题成功立项。

  2014年10月，人民交通出版社联合全国交通运输职业教育教学指导委员会、中国汽车维修行业协会在北京召开了"教育部中等职业教育汽车专业技能课教材编写会"，并成立了由全国交通运输职业教育教学指导委员会领导、中国汽车维修行业协会领导、知名汽车维修专家及院校教师组成的教材编审委员会。会上，确定了4个汽车类专业34本教材的编写团队及编写大纲，正式启动了教材编写。

  教材的组织编写，是以教育部组织制定的4个汽车类专业教学标准为基本依据进行的。教材从编写到成稿形成以下特色：

  1. "五位一体"的编审团队。从组织编写之初，就本着"高起点、高标准、高要求"的原则，成立了由国内一流的院校、一流的教师、一流的专家、一流的企业、一流的出版社组成的五位一体的编审团队。

  2. 精品化的内容。编审团队认真总结了中职院校的优秀教学成果，结合了企业的职业岗位需求，吸收了发达国家的先进职教理念。教材文字精炼、插图丰富，尤其是实操性的内容，配了大量实景照片。

  3. 理实一体的编写模式。教材理论内容浅显易懂，实操内容贴合生产一线，将知识传授、技能训练融为一体，体现"做中学、学中做"的职教思想。

4. 覆盖全国的广泛适用性。本套教材充分考虑了全国各地院校的分布和实际情况，涉及的车型和设备具有代表性和普适性，能满足全国绝大多数中职院校的实际需求。

5. 完善的配套。本套教材包含"思考与练习"、"技能考核标准"，并配有电子课件和微视频，以达到巩固知识、强化技能、易教易学的目的。

《客户关系管理》是本套教材中的一本。与传统同类教材相比，全书共设计7个项目26个学习任务，采用任务驱动体例，以理论知识准备、任务实施、知识拓展、评价与反馈、评价标准等五个环节展示每个任务。结合产业需求、一线营销人员工作实际和知识需求，充分考虑课程内容与职业标准、教学过程与生产过程的"三对接"，对汽车营销人员在面对客户时可能出现的问题和应对策略作了详尽介绍，任务设立贴近现实，贴近中国汽车消费市场实际，使学生能够通过任务实施，轻松掌握客户关系管理所需最新的知识和技能。希望能对汽车类学校教师教学工作和学生学习活动有所帮助，特别是对正在从事汽车营销领域汽车销售顾问和服务顾问的工作有所推动。

柳州市交通学校的喻媛编写了项目一、项目二，柳州市第二职业技术学校的钟雪勤编写了项目三，柳州市交通学校的何远川编写了项目四、项目七，柳州市第二职业技术学校的李娜和卢柳梅共同编写了项目五，柳州市交通学校的黄懿编写了项目六。全书由喻媛担任主编。

限于编者水平，又是完全按照新的教学标准编写，书中难免有不当之处，敬请广大院校师生提出意见建议，以便再版时完善。

编审委员会
2016年3月

目录 Contents

项目一 客户关系管理概述 ············· 1
  学习任务 1　赞美客户 ············· 1
  学习任务 2　现场观察法调查客户态度 ············· 8
  学习任务 3　客户档案管理 ············· 20

项目二 客户分析及分类 ············· 31
  学习任务 4　客户类型特征分析 ············· 31
  学习任务 5　客户需求及客户购车背景分析 ············· 37
  学习任务 6　客户需求应对技巧 ············· 46
  学习任务 7　客户级别判定与跟踪 ············· 57

项目三 客户开发管理 ············· 66
  学习任务 8　模拟制订客户开发方案 ············· 66
  学习任务 9　填制来电客户登记表和客户 A-C 卡登记表 ············· 74
  学习任务 10　填制销售促进失控（战败）记录表 ············· 87

项目四 客户接待 ············· 94
  学习任务 11　客户维修保养预约 ············· 94
  学习任务 12　展厅接待客户 ············· 103
  学习任务 13　维修业务接待 ············· 111

项目五 客户关系维系与管理 ············· 118
  学习任务 14　填制保有客户信息管理表 ············· 118
  学习任务 15　客户维修满意度统计 ············· 125
  学习任务 16　交车三天后客户回访情境模拟 ············· 132
  学习任务 17　新车交付一周后客户回访 ············· 140
  学习任务 18　新车交付 3 个月后拜访客户 ············· 146
  学习任务 19　车辆维修保养一周后回访 ············· 153

项目六 客户抱怨分析与处理 ············· 161
  学习任务 20　客户抱怨案例演练与分析 ············· 161
  学习任务 21　客户投诉案例演练与分析 ············· 168
  学习任务 22　客户投诉紧急案例演练与分析 ············· 175

项目七　客户关系管理软件使用 …… 180
学习任务 23　认识客户关系管理软件 …… 180
学习任务 24　客户档案的录入和修改 …… 185
学习任务 25　会员积分制 …… 191
学习任务 26　客户接待记录 …… 195
参考文献 …… 201

项目一　客户关系管理概述

学习任务1　赞美客户

学习目标

★ 知识目标
1. 正确认识客户关系管理；
2. 明确客户关系管理在汽车行业中应用的四个层次。

★ 技能目标
1. 掌握赞美客户的技巧要点；
2. 通过灵活应用情景分组模拟法进行赞美客户演练与分析。

建议课时
2课时。

任务描述

长安福特4S店正在面试客服专员，客服主管刘冲现场出题：作为一名客服专员，应如何赞美客户。

一　理论知识准备

（一）客户关系管理的含义

客户关系管理（Customer Relationship Management，CRM）是企业的一种"以客户为中心"的市场营销理念和战略，它采用先进的信息和通信技术来获取客户数据，运用数据分析工具来分析客户数据,挖掘客户的需求特征、偏好变化趋势和行为模式,积累运用和共享客户知识,并通过有针对性地为不同客户提供具有优异价值的定制化产品和服务来管理处于不同生命周期的客户关系,通过有效互动来强化客户忠诚,并最终实现双方价值的最大化。以客户为中心就是要始终把满足客户的需求放在第一位,就是要站在客户的立场上为客户着想。以客户为中心不是为客户做嫁妆,是为赢得客户忠诚。以客户为中心背后体现的是一种双赢思想。

(二)客户关系管理在汽车行业中的应用

汽车行业 CRM 应用分为四个层次,每个层次因为不同角色分为多种特色实践,即使是同一层次同一角色也会因为具体企业环境和管理因素体现不同 CRM 需求。

❶ 第一层次——基于呼叫中心的客户服务

基于热线、销售咨询和品牌关怀等方面动机,大部分汽车厂商都建立了呼叫中心系统作为客户服务中心热线,部分有实力的经销商也建立了呼叫中心系统。这一层次更多的还是被动式服务和主动关怀的尝试,价值体现在节约成本,提高客户低层次的满意度上。

典型代表有:上海大众、一汽大众、神龙汽车、福田汽车、江铃汽车等。

❷ 第二层次——客户信息管理与流程管理

客户信息管理重点对于整车厂商、经销商和零部件商是不同的,对于汽车行业客户信息档案的采集分析,在三个不同角色的体现也是不同的。整车厂商更多的掌握是已购车客户信息,经销商更多的是潜在客户和意向客户的信息管理,零部件商更多关注的是维系维修客户信息。因此,客户信息管理对于整个汽车行业价值链而言并非一个简单的事情。

流程管理主要分为销售流程、服务流程和关怀流程。在一个客户购买使用一辆车的前前后后,要经历整车厂商、经销商和维修服务商等多个流程,这些流程的标准化和规范化如何去体现,又是整个汽车行业价值链的一个关键问题。

这一层次上,很多整车厂商通过企业资源计划 ERP 系统和经销商管理系统 DMS 来进行部分客户信息管理和交易流程的管理,但也有部分整车厂商部署了专业的 CRM 系统(图 1-1)来管理客户信息,同时部分整车厂商的经销商系统也建立了 CRM 系统,比较整体地管理客户信息。零部件厂商也开始关注客户信息和流程,通过 CRM 战略实现客户导向。

典型代表:整车厂商——上海通用、一汽大众、神龙汽车、东风襄樊旅行车等;经销/维修服务体系——上海通用经销商(服务站)、一汽大众经销商(服务站)等;零部件厂商——东风朝柴、东风康明斯发动机、江淮等。

❸ 第三层次——客户细分与客户价值、客户满意度与忠诚度

这一层次只有在第二层次完善和积累的基础上才有可能进行,因为对客户的细分和对细分之后的客户价值的定位,没有详细的客户信息和过程信息是不可能完成的。基于积累的真实有效的客户相关数据进行建模分析,细分客户群,并分辨客户细分群的不同价值,从而实现客户差异化对待。

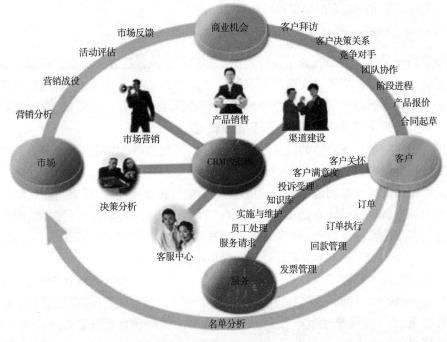

图 1-1　CRM 系统

当竞争激烈的时候,如何吸引客户并持续消费,客户满意度就是一个重要因素,只有满意才能确保客户不流失。而当前的二手车置换等服务使客户的转移成本降低,换新车不再是痛苦而有损失的事情,因此客户满意度与忠诚度必将成为汽车行业最关注的问题。

在这一层次,国内汽车企业部署 CRM 的时间比较短,比如自 2000 年部署了 SIEBEL 系统的上海通用,在积累了多年的客户数据后已开始分析和预测客户信息工作。

典型代表:上海通用、上海大众等。

❹ 第四层次——企业价值链协同

在汽车行业的客户生命周期中,要经历汽车制造、新车经销商、汽车维护、二手车置换、汽车贷款、汽车保险、装潢装饰、汽油消耗、汽车维修、备品备件、汽车租赁等多项服务。而这些服务,又是由整个汽车价值链中的不同角色分别承担。如何有效地管理整个客户的生命周期,就意味着整个汽车行业的价值链内的相关企业要建立企业协同体系,有效地共享资源和管理资源。整车厂商关注销售收入和收益,但是他们没有与客户直接接触的渠道,客户信息是他们的迫切需要。销售经销商在共享销售信息上就会体现出两种态度:一方面,乐于接受整车厂商通过其网站和其他媒介得到的销售线索和潜在客户信息,另一方面又不愿共享他们收集到的潜在客户信息。客户生命周期,跨越潜在客户、销售(经销商)、服务(维修商)、置换(中介/专卖店)、汽车金融(贷款、保险)等多个汽车产业价值链的环节,成熟市场汽车产业链各种利润分布(图1-2)

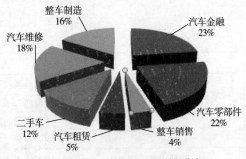

图 1-2　成熟汽车市场产业链利润分布

间的协同成为关键,信息共享的级别和权限尤为重要。

(三)精准营销核心在客户关系管理

营销最简单的定义是菲利普·科特勒提出的赢利性地营造客户满意。营销不是一个部门而是整个的企业职能。站在客户需求的角度去考虑问题,企业所有的资源、各项职能和全体员工的一切行动都是为了比竞争对手更好地满足目标客户的需求,企业的盈利自然增长。只要坚持不懈,同时兼顾其他环境因素,就能不断壮大。

营销的根本任务是在合适的地点、合适的时间,通过合适的渠道,由合适的人员采用合适的方法把合适的产品与服务卖给合适的客户。

营销最终目的是发现创造和交付价值、满足一定目标市场需求、获取企业利润。

现代市场营销理论的核心已由过去的"4P",即产品、价格、渠道和促销,发展演变为强调要关注客户的需要及欲求、实现真正以客户满意为中心的"4C"理论——客户(Customer)、成本(Cost)、便利(Convenience)、沟通(Communication)。

关注客户的成本,其中包括:软、硬成分的整体客户成本以及产品的认知价值;关注客户的方便性、强调出售产品的配销通路以及产品带给客户的方便程度,应以客户立场认为的方便性为重,而不是传统性生产者立场的安排;关注客户和企业需要双向沟通,而不是传统的传播式的单向沟通。

(四)移动互联网时代新型客户购车行为习惯

如图1-3所示,汽车行业互联网营销常用媒体介入的互联网使客户选择权空前扩大:购买者可以获得更多相关的信息;客户很容易比较厂商的价格和服务;切换厂商带来的损失大大降低;客户期望值提升;客户价值选择的变迁(表1-1)等。互联网时代客户购买行为的准则:快速、容易、便宜、个性化、熟悉、安全。

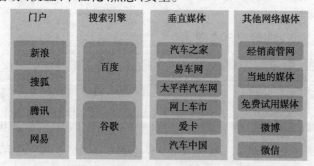

图1-3 汽车行业互联网营销常用媒体

客户价值选择的变迁　　　　　　　表1-1

阶　　段	消费特点	价值选择标准
第一阶段理性消费时代	不但重视价格,且看重质量,追求物美价廉	"好"和"差"
第二阶段感觉消费时代	注重产品的形象、品牌、设计和使用的方便等	"喜欢"和"不喜欢"
第三阶段感情消费时代	追求购买和消费过程中的满足感	"满意"和"不满意"

互联网时代新型客户购车行为习惯(图1-4):客户产生购买需求,并初步制定预算,然后在搜索引擎和门户网站上圈定品牌范围,查看垂直媒体和论坛上其他客户消费评论后确定车型范围,浏览产品车型官方网站,比较各竞品车型参数、性价比等资料后到店试乘试驾现场体验,最终确定购买车辆,使用后在论坛分享用车体验。

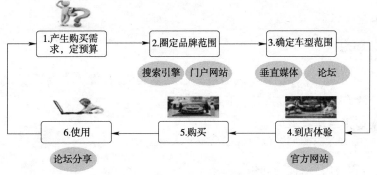

图1-4 新型客户购车行为习惯

1 微信运营目标

有效利用新媒体渠道,拉近和客户沟通距离,确保下列数据在原有基础上,能获得稳定的成长。

(1)执行规范。

①信息推送(订阅号),服务号可采用信息转发的形式实现;建议的发布时间和数量;在有相关发布需求的时候,推送丰富且有质量的内容;一旦发出无法删除、退回;发布频率建议:7天内发布3条微信;发布时间建议:08:00-10:00,12:00-14:00,17:00-20:00;发布形式建议:以图文推送沟通为主,加强视频传播;节假日的阅读时间比较分散,建议20:00以后发布;及时响应关注者提问。

②建立快速有效的互动形式(如促销活动、售后答疑),带动客户积极性;对网友的咨询、提问、投诉及时回复沟通,主动联络网友参与品牌或店面活动,开发潜在客户。

③确保高品质的微信内容。

(2)具体要求:增长关注量;与关注者互动;获得更多关注者的转发。

(3)经销商微信公众号营销价值(图1-5):线上主动推送信息;即时反馈客户需求;线下完美客户体验度。

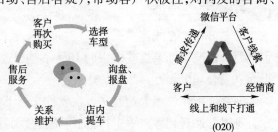

图1-5 经销商微信公众号的营销价值

2 微信内容的特征

(1)热点话题:了解当前的热点话题是非常重要的,拥有一定量粉丝的平台可以利用热点话题带动粉丝主动分享。

(2)关联性:内容和企业或者所处行业产生一定关系,同时适量加入品牌的价值信息。

(3)趣味性:内容要创新,不庸俗但足够吸引人,符合大家的审美趣味。

(4)实用性:内容需要能向用户提供一定的价值,比如信息服务、生活常识或者折扣信息。

(5)独特性:需要根据自己的品牌特点打造有个性的内容,向粉丝展示品牌文化和传播品牌价值。

(6)多元性:内容和形式要连贯一致,尽量用独特图文把想要传递的信息完整表达。

(7)互动性:和粉丝沟通交流可以形成长久用户黏性,哪怕是一句简单的问候或者寒暄。

二 任务实施

❶ 准备工作

把握赞美客户的要点:要有真诚的情感以及事实依据,赞美也要适度,过度赞美会显得虚情假意,赞美客户是建立客户信任的要诀。

❷ 技术要求与注意事项

1)技术要求

(1)分组:客户组、销售顾问组。

(2)要求:分角色扮演销售顾问和客户,熟悉岗位职责及从业素质要求。

(3)点评:互相点评,老师点评。

2)赞美客户过程中需注意的事项

(1)赞美的主体要明确,应针对细节。

(2)实事求是,不可虚构;恰到好处,不要过度;态度真诚,不要虚假;角度独到,不落俗套。

(3)言辞简明,尽量以"我"字作为句子的开头;赞美要表明自己的看法。

❸ 操作步骤

(1)第一步,小组练习,尝试赞美某一位同学;

(2)第二步,请双方分别谈谈赞美他人与被他人赞美之后的感受。

三 学习拓展

戴尔公司的在线客户服务系统:每星期大约有5万客户利用戴尔公司的网站查阅他们的订单情况。如果这些人中的10%不是通过在线系统而是利用电话进行查询,则每星期将花费公司1.5万~2.5万美元。

每星期戴尔站点大约有9万次软件文档下载。如果通过电话答复客户购买软件的请求并通过邮递送到客户手中,每周将花费公司约15万美元。

每星期有20万客户在线访问戴尔站点中疑难解答程序,其中每一次访问为戴尔公司节省了15美元的技术支持费用。这将大大节约公司的技术支持费用。

四 评价与反馈

❶ 自我评价

(1)通过本任务的学习你是否已经知道以下问题:

①是否会从四个层次分析客户关系管理在汽车行业中的应用?

②是否能根据客户不同类型提供多种赞美客户的解决方案？

_____

(2) 是否有效利用新媒体渠道，拉近和客户沟通距离？

_____

(3) 是否了解移动互联网时代新型客户购车行为习惯变化？

_____

(4) 通过本任务的学习，你认为自己的知识和技能还有哪些欠缺？

_____

签名：_____　　　____年____月____日

❷ 小组评价

小组评价见表1-2。

小 组 评 价 表　　　　　　　　　表1-2

序号	评价项目	评价情况
1	着装是否符合要求	
2	是否掌握根据客户不同类型采用不同赞美方法	
3	是否有效利用新媒体渠道，拉近和客户沟通距离	
4	是否遵守学习、实训场地的规章制度	
5	是否能保持学习、实训场地整洁	
6	是否详实、细致记录客户需求	

参与评价的同学签名：_____　　　____年____月____日

❸ 教师评价

_____

签名：_____　　　____年____月____日

五 技能考核标准

技能考核标准见表1-3。

技能考核标准表　　　　　　　　　表1-3

序号	项目	操作内容	规定分	评分标准	得分
1	准备工作	准备客户需求记录本，并做好详实记录	10	要求赞美客户注意技巧，记录细致、规范；不符合标准酌情扣分	
2	赞美客户	分析客户类型特征，按照客户不同类型采用不同赞美方式	30	赞美客户方法使用得当，客户赞美演练与分析、操作步骤清晰，以提高客户信任度为目标，不符合标准酌情扣分	
3	精准营销核心定位	按客户类型进行精准营销定位，按照客户重要性、合理性对客户需求进行比较、排序、分析，采用不同营销策略	30	契合移动互联网时代新型客户购车行为习惯，按客户类型进行精准营销定位分析；不符合标准酌情扣分	

续上表

序号	项目	操作内容	规定分	评分标准	得分
4	新媒体营销渠道引导	掌握并灵活应用以客户满意为中心的"4C"理论管理客户关系,利用新媒体与客户互动	30	灵活有效利用新媒体营销渠道,适时开展信息推送(订阅号),服务号转发活动,建立快速有效的互动形式,拉近和粉丝客户沟通距离;不符合标准酌情扣分	
		总分	100		

学习任务 2　现场观察法调查客户态度

 学习目标

 知识目标

1. 正确认识优秀汽车销售服务人员应具备的工作能力与理念;
2. 明确汽车企业可持续竞争优势。

技能目标

1. 掌握汽车销售服务人员岗位职责及从业素质要求;
2. 通过灵活应用现场观察法调查同学们对汽车销售企业"企业形象",确定客户态度类型;
3. 利用汽车维修服务顾问工作页,自我检查分析客户关系处理情况。

建议课时

4课时。

 任务描述

刘颖是一名客服专员见习生,由于工作经验不足,对于面对客户该说什么、该怎么说才能符合要求把握不准。为此,客服主管刘冲找到刘颖并告诉她作为一名客服专员应了解的一些工作职责和礼仪知识,然后给她布置了一项任务:用现场观察法调查客户对汽车销售企业"企业形象"的态度。

一 理论知识准备

(一)汽车企业可持续竞争优势

如图 2-1 所示的美国汽车销售生命周期分布图,美国汽车发展经历了起步阶段 10 年,快速发展期 9 年,普及初期 10 年,普及后期为 49 年,饱和期 30 年这个周期,自 2010 年始呈现下降趋势。中国自 1958 年第一辆自主研发的解放牌货车开始的汽车产业,到目前为止我国汽车产业才刚刚步入普及初期,2014 年汽车销量突破 2300 万辆,连续 5 年蝉联世界第一。中国汽车销售市场前景依然广阔。然而,我们在成为汽车大国的同时,应该清醒地看到,影响汽车产业深层次发展的问题依然很突出,为实现汽车强国之梦,中国汽车产业必须尽快转型升级。

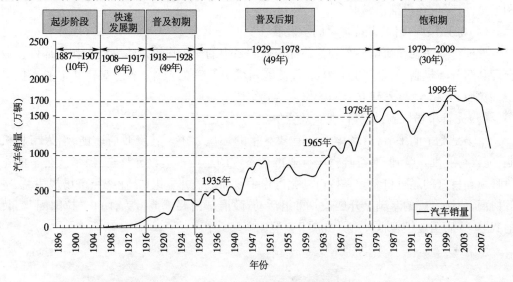

图 2-1 美国汽车销售生命周期分布图

❶ 产业升级的内涵

产业升级的本质是产业从低技术或低附加值环节向高技术或高附加值环节不断攀升的过程。产业升级在宏观上表现为产业结构的改善,实现产业的协调发展和结构的提升;微观上表现为产业素质与效率的提高,即生产要素的优化组合、技术水平和管理水平以及产品质量的提高。

❷ 中国汽车产业升级的建议

中国汽车产业正在进入转型升级的重要阶段,产业升级的核心就是打造产业竞争优势,而竞争优势则来源于如何使体系中关键要素发挥作用。

(1)建立长效机制,加强高端人才培养。

加大推广校企合作的人才培养模式的力度,学校主动参与企业的技术革新和新产品开发,企业委托学校培养专业人才。鼓励外资企业在华设立汽车研发中心或研发机构,在个人所得税减免、重大项目申请上给予优惠措施。

(2)创新体制机制,提高自主研发能力。

加快建立层次分明、分工明确、产学研紧密结合的技术创新体系。充分发挥企业在技术创新决策、研发投入、科研组织和成果转化中的主体作用,科研院所和高等学校为企业技术创新提供支持和服务,促进技术、人才等创新要素向企业研发机构流动。支持行业骨干企业与科研院所、高等学校联合组建技术研发平台和产业技术创新战略联盟,合作开展核心关键技术研发。

(3) 完善相关法规,营造良好的消费环境。

推进汽车召回管理制度的立法工作,强化对缺陷汽车召回的约束力,严格召回标准,加大对违规行为的惩罚力度,加强有效监管,公开透明操作,切实保障客户的利益诉求。推进汽车三包制度的落实,加快建立较有公信力的第三方鉴定机构,保证车辆鉴定的标准和公正性,降低客户维权成本。

(4) 加强协调合作,支持整零同步发展。

发挥行业协会在协调整车和零部件企业关系中的纽带作用。建立整车和零部件企业合理利润分配机制,推动双方在技术研发等领域更紧密的合作,增进双赢共进的责任意识,鼓励双方相互参股,建立牢固的供应链和结成战略同盟。

(5) 完善市场机制,促进行业有效竞争。

市场是竞争的平台,市场体系是有效竞争的环境要求。转变政府职能,引入市场机制,完善行业准入管理,对符合汽车行业准入条件的企业都应该允许进入,形成公平的竞争环境和良好的运行机制。坚持市场化运作手段加快兼并重组,企业按照市场规律,在平等协商、依法合规的基础上开展兼并重组活动,政府部门要规范行为,防止"拉郎配"。目前我国4S店营业销售情况统计如图2-2至图2-5所示。

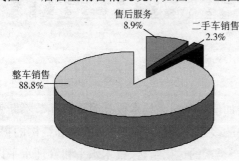

图2-2 中国4S店目前营业额收入来源

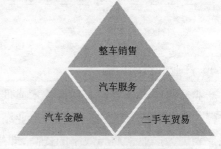

图2-3 用心打造盈利的"四大金刚"

图2-4 国内乘用车、商用车营销比例份额

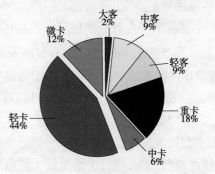

图2-5 商用车各车型大致占据的市场份额

(二)组织机构、部门职责、客服人员岗位职责及从业素质要求

汽车4S店是集汽车销售、维修、配件和信息服务为一体的销售店。4S店是一种以四位一体为核心的汽车特许经营模式,包括整车销售(Sale)、零配件(Spare Part)、售后服务(Service)、信息反馈(Survey)等。它拥有统一的外观形象、统一的标志、统一的管理标准,只经营单一品牌的特点。汽车4S店是一种个性突出的有形市场,具有渠道一致性和统一的文化理念,4S店在提升汽车品牌、汽车生产企业形象上的优势是显而易见的。

❶ 汽车销售企业组织机构、部门职责

汽车销售企业是汽车一站式终身购物企业,从结构上看,可以分为销售部、售后服务部、市场部及管理部。详见图2-6汽车销售企业组织机构图。

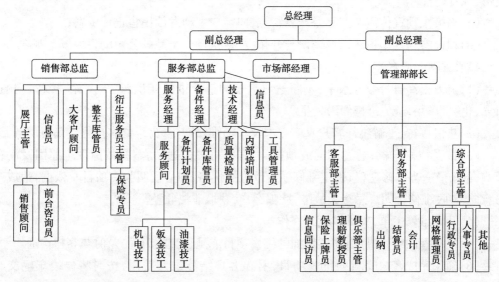

图2-6 汽车销售企业组织机构

❷ 汽车销售服务人员工作职责

汽车销售服务企业设立专门汽车销售部门,通过专门汽车销售服务人员提供客户接待、产品介绍、相关购车手续办理等服务,以此获得客户满意。这里仅以汽车销售服务部门四个典型岗位为例进行说明。

1)客服部主管岗位职责

(1)在总经理领导下,负责管理部门工作,协助销售部的销售工作,配合销售人员完成销售任务;

(2)帮助销售顾问做好接待客户工作,力争不断提高成交率;

(3)要求销售顾问每天打回访电话,跟踪每一位潜在客户;

(4)定期安排客服人员和销售人员进行职业技能培训和学习;

(5)掌握竞争车型情况,及时汇报总经理。

2)信息回访员岗位职责

(1)负责面向客户的信息回访工作;

(2)为客户提供相关服务,做好跟踪服务及建立客户档案;

(3)定期向客服部主管汇报;

(4)对出现的客户投诉、客户抱怨等问题要及时反馈到客户部主管,不能推诿客户;

(5)积极参与销售人员的业务培训、业务考核,主动更新汽车产品相关知识。

3)销售顾问职责

(1)负责面向客户的销售工作;

(2)热情接待客户,认真听取和记录客户相关信息;

(3)定期向销售经理汇报工作;

(4)了解汽车经营市场最新动态,查阅资料,收集竞争车型信息,进行市场预测,并反馈销售部总监;

(5)积极主动宣传汽车产品及产品特点,向客户主动发放销售宣传资料;

(6)积极参与汽车销售市场调研与开拓,严格执行汽车品牌公司的各项规章制度。

4)服务顾问职责

(1)努力提高自身业务水平,不断学习汽车构造及维修知识,充分发挥"接待、沟通、引导、化解"作用,避免维修纠纷发生。

(2)热情接待,了解维修客户真实需求及车辆维修期望,为维修客户提供满意服务。

(3)接受待修车辆,通过询问或预检,与客户有效沟通后,解释故障发生原因及潜在影响,给出最适当维修建议,确定维修项目及维修价格,耐心说明收费项目及依据,达成维修意向、签收维修合同。忌夸大故障,欺骗客户,获取非法收益。

(4)开具维修工单,安排车辆维修作业。

(5)把掌握的维修进度,需要增加的维修项目或延迟交车时间,及时与客户沟通。

(6)确保完成客户交付的维修项目,引导客户结算维修费用,按时将修竣车辆交给客户。

(7)提醒客户注意常见故障处理及避免方法。

(8)建立并妥善保管客户及车辆资料,建立客户档案。

(9)做好客户维修回访等维修后服务工作,听取维修客户意见及建议,接受维修客户投诉,及时向维修业务部门或服务部领导汇报,妥善解决投诉内容。

3 汽车销售服务人员从业素质要求

(1)汽车销售服务人员应尽量减少客户在焦虑区和担心区的时间,尽快让客户处于舒适区,并尽量扩大客户在舒适区的时间。在这三个区域中,客服人员分别应该做到以下内容:

①在客户焦虑区内关心客户,在焦虑区,销售顾问要做到关心客户,建立良好第一印象,拉近关系,让客户感觉你们可以成为朋友。

②在客户担心区内要影响客户。在担心区中,你对客户真诚的态度,对各种产品的了解,对市场的理解,对市场的熟悉及你的专业知识,都开始慢慢对客户产生一种影响力。

③在客户舒适区内要控制客户。在舒适区中,客服人员需要更多地了解客户,了解购买

需求,并为其提供合理建议,满足客户需求,增加客户对客服人员的信任感。所以,客服人员要以最快速度使客户达到舒适区。客户一旦进入舒适区,那么接下来销售工作就比较容易展开。让客户快速建立信任,打消顾虑的方法很多,需要我们在实践中不断总结提高,如何使客户快速进入舒适区的做法见表2-1。

常用让客户感到舒适的做法　　　　　　　　　　　　　　　　表2-1

方　面	应　采　取　的　方　法
问候寒暄	客户进店后,立即问候致意;带着微笑问候客户;即使正在做其他工作,也要向客户问候致意;如招待家里的客人那般邀请客户参观展厅
名片管理	随身携带名片;将地图印在名片上;保持自己的名片无折损、脏污;妥善保管对方名片
平易近人的招呼	记住客户姓名,说话时称呼对方姓名;不要以貌取人,平等对待客户;说话时彬彬有礼,吐字清晰;正确回答客户提问;提供资料;适时灵活地随声附和
客户第一	等客户入座后自己才坐下来;客户不吸烟,自己也不吸烟;为来店客户提供饮料;送客户离店时,陪同客户直到离去,并说"非常感谢,再见"
破冰语言	"看您开车过来的,您开车多少年了""咱们先坐下来喝水休息下,慢慢聊";"您平时有哪些方面的兴趣爱好啊?"
客户参观	对客户说:"如果有需要咨询,请随时叫我";不要一直跟着客户,而是在一旁留心观察,等候客户;当客户表示想问问题时,主动上前提供咨询
倾听	首先要倾听客户说话,留心倾听客户说话内容,等客户说完后再讲述自己的意见,倾听客户讲话时,姿势得体礼貌

(2)办公室礼仪见表2-2。

办公室礼仪一览表　　　　　　　　　　　　　　　　　　　　表2-2

内　容	要　领
办公室规定	1.办公室内严禁吸烟、喝茶、看报、闲聊; 2.进入他人办公室,必须先敲门,再进入;已开门或没有开门情况下,要先打招呼(如:您好,打扰一下),再进入; 3.传话时不可交头接耳,有条件时可以使用记事便签传话;传话给客人时,不要直接说出来,而是应将事情要点转告客人,由客人与待传话者直接联系; 4.从办公室退出时,按照先上司、后客人的顺序打招呼后退出; 5.若会谈中途上司到来,必须起立,将上司介绍给客人,并向上司简单汇报会谈内容,然后重新开始会谈
引路	在走廊或院落引路时: 1.应走在客人左前方的2~3步处; 2.与客人步伐保持一致; 3.引路人走在走廊的左侧,让客人走在路中央; 4.走路时要注意客人,适当做些介绍; 5.拐弯或有台阶的地方应使用手势,并提醒客人"这边请"或"注意楼梯"等 在楼梯间引路时: 让客人走在正方向(右侧),引路人走在左侧

续上表

内容	要领
开门	向外开门时： 1. 先敲门，打开门后把住门把手，站在门旁，对客人说"请进"并施礼； 2. 进入房间后，用右手将门轻轻关上； 3. 客人入座，安静退出，此时可用"请稍候"等语言
	向内开门时： 1. 敲门后，自己先进入房间； 2. 侧身，把住门把手，对客人说"请进"并施礼； 3. 轻轻关上门，请客人入座后，安静退出
搭乘电梯	电梯没有其他人的情况： 1. 在客人之前进入电梯，先按住"开"的按钮，再请客人进入电梯； 2. 到大厅时，按住"开"的按钮，请客人先下
	电梯内有人时：无论上下都应客人、上司优先
	乘电梯时： 1. 先上电梯的人应靠后面站，以免妨碍他人乘电梯； 2. 电梯内不可大声喧哗或嬉笑吵闹； 3. 电梯内已有很多人时，后进的人应面向电梯门站立

(3) 客户喜欢与不喜欢的汽车维修服务顾问见表2-3。

客户喜欢与不喜欢的汽车维修服务顾问　　　表2-3

序号	汽车维修服务顾问 10个"一点"	客户喜欢的10种汽车维修服务顾问	客户不喜欢的10种汽车维修服务顾问
1	微笑多一点	着装整洁、举止从容	衣着邋遢、仪容不佳
2	理由少一点	诚实守信、办事高效	常说空话、随意承诺
3	度量大一点	说话随和、态度诚恳	态度生硬、难于接近
4	脾气小一点	百问不厌、态度和蔼	办事拖拉、效率低下
5	嘴巴甜一点	实事求是、不说大话	行为举止、不拘小节
6	行动快一点	办事认真、责任心强	不善沟通、缺乏亲和
7	做事勤一点	办事公道、不谋私利	浓妆艳抹、奇装异服
8	效率高一点	换位思考、心系客户	知错不改、自以为是
9	讲话轻一点	虚心讨教、认真改进	蒙客户、谋取暴利
10	脑筋活一点	严肃活泼、善于应变	办事教条、不善应变

(三) 汽车销售服务人员需具备综合能力和品质

优秀的汽车销售服务人员应具备态度、知识、技巧三个方面的综合能力(表2-4)。

优秀的汽车销售服务人员应具备的工作能力　　　　　　　　　　表2-4

方面	具备的能力
态度	1. 对待客户的态度：站在客户角度，帮助客户作正确选择； 2. 对待销售的态度：对待销售就像对待个人爱好一样，赋予其精力、热情、期待、投入，并从中获得乐趣； 3. 对待企业的态度：忠诚、互利、共存
知识	1. 行业内知识：汽车厂家和4S店历史、理念和品牌背景优势；汽车市场状况和趋势；产品主要卖点、配置、技术指标、奖项等；竞争对手信息； 2. 跨行业知识：金融、股票、体育、经济、时事、地理、风俗、习惯、人文； 3. 商务礼仪
技巧	1. 潜在客户开发； 2. 展厅销售、集团客户销售； 3. 抗拒处理、客户抱怨处理、客户管理与跟踪

必须在日常工作中不断学习、总结和提高，及时更新专业知识和销售理念。只有不断进步，才能适应市场需求。从汽车经销企业对员工要求来看，每个汽车销售服务人员都需要具备表2-5所示的几方面的品质。

汽车销售企业对优秀的汽车销售服务人员要求的品质　　　　表2-5

类别	方面	要求的品质
必备品质	整洁	1. 外表清洁、行为大方、举止优雅，让客户感觉舒服，这是对客户尊重和关心的表现； 2. 穿着合适得体，讲究个人卫生
	谈吐	1. 措辞恰当，发音清晰准确，不用俗语； 2. 铭记客户就是贵宾，让客户感觉相处融洽、温暖
	以流程为本	1. 贯彻落实销售流程，为经销商和客户创造价值； 2. 给客户带来完美服务体验
	友好	1. 带给客户非常特别的个性化体验，营造宾至如归的氛围，不要一味推销，像对待朋友和家人一样积极倾听客户心声； 2. 与客户自然、友好相处
	礼仪	1. 尊重客户，比如为客户开门，谈话时进行目光交流，态度热情，服务专业，不给客户压力，不与客户争辩； 2. 对自己所说的话负责，讲话有事实根据
重要品质	倾听	1. 养成良好的倾听习惯，运用开放式和封闭式问题进行澄清和确认； 2. 准确把握客户何时想听，何时想说； 3. 理解客户，满足其需求
	为客户着想	当客户有异议或不满时，切忌激动，应站在客户角度，科学解决问题
	知识丰富	1. 充分了解自己销售的产品，介绍有说服力，使客户信服； 2. 用通俗易懂的语言向客户介绍产品
	品牌倡导	表现出对自己产品和服务的热情，这种热情和笃信会感染客户，让客户成为品牌及经销商的宣传者
	具有授权	1. 相当程度的授权，能快速有效解决客户问题； 2. 能通过培训和实践不断提高个人技能和知识水平
	诚恳	真诚待客

二 任务实施

1 准备工作

准备《汽车销售企业"企业形象"调查表》(表2-6)1份。

汽车销售企业"企业形象"调查表　　　　表2-6

参观时间			
参观地点			
参观企业			
该汽车销售企业的 CIS 构成			
项目	肯定或否定	项目	肯定或否定
经营理念		企业规范	
行为特征		商标	
广告		厂牌	
色彩		建筑物	
员工服饰		清洁情况	
物品堆放		员工素质	
对企业形象与促销业绩之间关系的理解：			

2 技术要求与注意事项

1）技术要求

（1）分组：客户组、销售顾问组。

（2）要求：准确运用学习过的原理，使用恰当的技巧和话术，用现场观察法调查学生对汽车销售企业"企业形象"的态度。

（3）点评：互相点评，小组点评，老师点评。

2）分析客户态度类型注意事项

我们在进行客户态度调查过程中需注意以下事项：

（1）现场观察法是利用态度与行为的相互关系，通过直接观察客户的行为表现，判断客户态度的测量方法。

（2）现场观察法的结果难以进行准确的定量分析，因此应与问卷法、瑟斯通量表、利克特量表、自由反应法等其他方法配合使用。

（3）问卷设计首先必须要合理。

（4）问卷一般由反映测量内容的若干条陈述性题目构成，各题按照被测量者的反应范围或程度标以分数或量值，最后通过统计得分来判定客户的态度。

3 操作步骤

(1)第一步,自我测试,填写《汽车销售企业"企业形象"调查表》,确定自己的客户态度类型;

(2)第二步,小组互动,请你的组员填写《汽车销售企业"企业形象"调查表》,用现场观察法调查同学们对汽车销售企业"企业形象"的态度;

(3)第三步,分析客户对汽车商品质量、商标、服务、信誉、理解、观点、意见等诸多方面的评价;对汽车商品与服务的质量、信誉、服务人员等客观事物表现出的喜欢或不喜欢、欣赏或不欣赏等各种情绪反应;对有关商品、服务采取的反应倾向,包括语言和非语言的行动表现。

三 学习拓展

作为汽车维修服务顾问要做好自己工作区域的自我检查,每天填写《汽车维修服务顾问工作页》(表2-7)。

汽车维修服务顾问工作页(销售人员自我检查)

教师布置日期: 年 月 日　　　个人完成时间:(分钟)　　　表2-7

问题:一名刚参加工作不久的汽车维修服务顾问,应该如何注意自己的言行,做好客户接待工作?	任务:作为一名汽车维修服务顾问,你应该做好自己工作区域的自我检查,准确把握接待客户的基本要求
接待要点	

项目	检查要点	注意事项
办公室内的自我检查	1. 头发是否干净、整齐 2. 衬衫、外套是否清洁 3. 指甲是否过长 4. 皮鞋是否光亮、无尘 5. 上班5分钟前是否已就位 6. 上班是否相互打招呼 7. 走廊内有无奔跑 8. 办公时有无窃窃私语 9. 有无向正在计算或写字者发问 10. 外出时,有无留言 11. 有无在办公区吸烟 12. 有无在办公室进食 13. 是否整理了用过的公共物品 14. 是将垃圾主动拾起 15. 对公共物品是否爱护 16. 在茶水间、洗手间、走廊内有无站着闲谈 17. 午休或下班时有无整理办公桌 18. 下班时是否相互打招呼	

续上表

项　目	检 查 要 点	注 意 事 项
接待客人的自我检查	1. 接待客户,能否将客户姓名、公司名称、事件正确传达给他人 2. 引路时是否照顾到客户感受 3. 转弯时是否提醒客人注意 4. 在电梯内我是如何引导客人 5. 在电梯内是否告知客人所要去的地方和楼层 6. 是否了解开门、引导客人顺序 7. 进入会客室时是否敲门 8. 是否保持会客室的清洁 9. 是否了解会客室主座的位子 10. 使用茶具是否清洁 11. 客人久等时,是否中途出来向客人表达歉意 12. 介绍时是否是从下级开始 13. 送客人时,是否看不见客人背影后才离开	
每日销售习惯回顾检查	1. 每天我要寄发几封DM 2. 每天我要发放几封DH 3. 每天我要打几个电话给各级客户 4. 每天下班前我必须完成几份有关报表的填写并计划几项次日的工作 5. 平均每月来展厅的客户数量?每天又有多少 6. 这些来店客户中的成交数量有多少 7. 剩余的客户有没有可能当年买车?几年内买车?会回来买我们的产品的客户数量又有多少 8. 现在每个销售人员拥有多少客户资源 9. 保存这些客户资料的方式是怎样的 10. 这些客户能通过电话进行联系的有多少比例(客户认得我) 11. 这些客户能在电话中与我进行日常沟通的又有多少比例(我们是朋友) 12. 有多少客户要买车时就能想到我	
学习纪要:		

四 评价与反馈

❶ 自我评价

(1)通过本学习任务的学习你是否已经知道以下问题：

①是否会用现场观察法调查同学对汽车销售企业"企业形象"态度？
_____

②是否能根据汽车销售企业"企业形象"调查表分析结果提供多种营销策略？
_____

(2)是否会用汽车维修服务顾问工作页(销售人员自我检查)分析客户关系处理情况？
_____

(3)实训过程完成情况如何？
_____

(4)通过本学习任务的学习,你认为自己的知识和技能还有哪些欠缺？
_____

签名：_____　　　____年____月____日

❷ 小组评价

小组评价见表2-8。

小组评价表　　　　　　　　表2-8

序号	评价项目	评价情况
1	是否符合汽车销售服务人员从业素质要求	
2	是否正确使用现场观察法调查同学们对汽车销售企业"企业形象"的态度	
3	是否能合理规范地使用汽车维修服务顾问工作页(销售人员自我检查)分析客户关系处理情况	
4	是否按照组织机构、部门职责、汽车销售服务人员岗位职责及从业素质要求进行安全和规范的操作	
5	是否能保持学习、实训场地整洁	
6	团结协作情况	

参与评价的同学签名：_____　　　____年____月____日

❸ 教师评价

_____
_____

签名：_____　　　____年____月____日

五 技能考核标准

技能考核标准见表2-9。

技能考核标准表　　　　　　　　　　　　　　　　表2-9

序号	项目	操作内容	规定分	评分标准	得分
1	准备工作	准备汽车销售企业"企业形象"调查表一份,并做好详实记录	10	填写汽车销售企业"企业形象"调查表,填写要细致、规范;不符合标准酌情扣分	
2	汽车销售企业"企业形象"调查分析	根据汽车销售企业"企业形象"调查表内容,分析自己的客户态度类型	20	用现场观察法调查客户对汽车销售企业"企业形象"的态度,分析方法使用得当;不符合标准酌情扣分	
3	客户态度类型分析	按客户对汽车商品质量、商标、服务、信誉、理解、观点、意见等诸多方面的评价分析客户对汽车销售企业"企业形象"	30	对汽车商品与服务的质量、信誉、服务人员等客观事物表现出各种情绪反应和行动表现进行分析演练,操作步骤清晰,有效了解客户态度类型;不符合标准酌情扣分	
4	优秀汽车销售服务人员岗位职责及从业素质	正确认识优秀汽车销售服务人员应具备的工作能力与理念,掌握并灵活应用相应的综合能力和品质	30	了解常用让客户感到舒适的方法和办公室礼仪,掌握做客户喜欢的汽车销售服务人员需具备的综合能力和品质;不符合标准酌情扣分	
5	自我测试	准备《汽车维修服务顾问工作页(销售人员自我检查)》表1份,并做好详实记录	10	细致、规范填写《汽车维修服务顾问工作页(销售人员自我检查)表》;不符合标准酌情扣分	
	总分		100		

学习任务3　客户档案管理

学习目标

知识目标

1. 正确认识汽车销售企业客户档案管理信息收集方法;
2. 了解建立客户档案目的。

技能目标

1. 掌握汽车销售企业客户档案管理技巧;
2. 通过灵活应用"一对一"顾问式客户服务卡进行客户服务档案管理演练。

建议课时

4课时。

有个客户半小时以后就要来谈是否最后签单,一直跟单的销售顾问最近辞职了,但我作为销售经理,对与这个客户联系的来龙去脉情况还一无所知,我该找谁?

一 理论知识准备

客户是非常重要的经营资源,可以利用客户资源进行有效的感情联络及促销活动,必须对其高度重视,加以精心管理。

(一)客户档案管理

❶ 客户档案定义

档案是人们在社会活动中形成,加以保存以备查考的文件。汽车维修客户档案就是汽车销售、维修企业在向客户销售汽车、实施维修服务的过程中建立起来,以备日后查考的文件,它完整记录了客户车辆所有完成过的维护、维修项目,可以以纸质或电子文档方式保存。

❷ 建立客户档案目的

(1)建立起本企业的汽车维修客户关系,稳定基本的服务群体;

(2)了解目标客户的基本需求及个性化需求,进一步发掘汽车维修服务的市场需求,努力提高企业的获利水平;

(3)向客户提供有针对性的汽车维护、维修服务,提高客户的满意度、忠诚度。

❸ 客户档案的形成

(1)客户从本企业的特约经销店购买新车或二手车时留下的相关信息;

(2)客户从其他经销店购买汽车,第一次来本企业接受维修服务时建立的档案;

(3)从如微信、微博、易信、易车网等其他渠道获得的客户档案资料;

(4)无论从什么渠道获得的客户档案,都需及时更新,将客户在与企业交往、交易过程中所表现出来的特质或典型事件进行记录,以便在以后的维修服务中使用。

❹ 建立客户档案的优点

(1)可以及时通知客户注意保修期限,从而既能赢得客户信赖又能避免因缺乏及时维护而导致的车辆状况异常。

(2)可以及时提醒车主进行定期维护,以避免车主因工作繁忙、不太懂车而带来的定期维护疏漏,同时可以给公司带来维修利润。

(3)可以实现对车辆的正确维护,这种指导意义既对客户有效,更对维修技师有效。我们知道,医院的大夫往往很注重病人的病历,通过病历,他可以知道患者以往的病史、检查的结果、采用过的治疗手段、目前的恢复状况等,有助于当前的治疗。其实汽车维修也是针对汽车的一种"治疗",应该充分利用车辆维修档案。

(4)可以有效规范客户抱怨及投诉的处理。

车辆维修档案的主要内容包括：维修合同、维修项目、具体维修人员及质量检验人员、检验单、竣工出厂合格证及结算清单等。

5 车辆维修档案管理制度

(1)贯彻执行交通运输管理部门及本企业发布的有关车辆维修档案管理的各项方针政策、规章制度；

(2)建立健全、及时更新客户档案资料,规范管理；

(3)车辆维修档案应认真填写,记载及时、完整准确,不得任意更改；

(4)车辆维修档案要妥善保管、长期保存；

(5)对进行过维护、总成修理、整车修理的车辆,都应建立车辆维修档案。

(二)客户服务档案管理

所有汽车维修客户,按照可以给公司带来的利润率,可以划分为4类：重点客户、一般客户、维持型客户、无效客户。

(1)重点客户可能人数不多,维修作业总量也不大,但却是企业利润的主要创造者。他们往往愿意接受高价位的维修作业,也愿意接受最新的维修项目,属于消费领袖级别的客户。

(2)一般客户属于最为庞大的一个客户群体,虽然人数众多,但给企业带来的利润却比较少的。

(3)维持型客户属于基本给企业带不来多少利润的客户,但从企业的经营来说,又不可能没有他们,否则,总体的维修业务量将大幅下降,企业显得人气不旺。

(4)无效客户属于企业出于经营、社会关系等方面的需要,不得不照顾的客户群体,这些客户不仅不会给企业带来利润,反而需要企业给他们倒贴许多成本,属于虽然不愿接纳,但又不得不接纳的客户群体。

(三)客户信息收集

1 客户信息收集包括的内容

客户信息的收集一般都要包括4个方面的内容：客户基础资料、客户的特征、客户业务状况及交易现状。

2 客户资料收集的方法

人员走访法、电话调查法、邮件调查法、现场观察法、焦点人群法、实验调查法、头脑风暴法、德菲尔法。

3 客户信息收集技巧

(1)留意客户的重要资料,将记录发展为一个记录系统；

(2)挖掘客户购买时留下的信息；

(3)主动询问客户,表示关怀；

(4)让客户自己动手填写卡片。

项目一　客户关系管理概述

4 客户信息收集的步骤(图 3-1)

1)预备调查阶段

(1)明确调查的问题;

(2)初步情况分析;

(3)非正式调查。

2)正式调查阶段

(1)确定搜集信息的方法;

(2)准备所需的表格;

(3)确定调查对象;

(4)实施调查。

3)结果处理阶段

(1)整理分析资料;

(2)提出调查报告。

图 3-1　客户信息收集的步骤

二　任务实施

1 准备工作

(1)准备《"一对一"顾问式客户服务卡》(表 3-1)1 份。

(2)准备《客户服务档案》A(客户信息)(表 3-2)1 份。

(3)准备《客户服务档案》B(车辆维修)(表 3-3)1 份。

2 技术要求与注意事项

1)技术要求

(1)分组:客户组、服务顾问组。

(2)要求:互相扮演客户及销售顾问,客户叙述要求,服务顾问需根据客户需求,准确运用学习过的原理,进行新维修客户档案建档管理。

(3)点评:互相点评,老师点评。

2)客户服务档案管理注意事项

(1)客户从本企业的特约经销店购买新车或二手车时留下的相关信息。

(2)客户从其他经销店购买汽车,第一次来本企业接受维修服务时建立的档案。

(3)从微信、微博、易信、易车网等其他渠道获得的客户档案资料。

(4)无论从什么渠道获得的客户档案,都需及时更新,将客户在与企业交往、交易过程中所表现出来的特质或典型事件进行记录,以便在以后的维修服务中使用。

3 操作步骤

(1)第一步,新客户的关系建立。

使用恰当的技巧和话术,了解新客户是首次来店购车或者来店维修的车主,销售顾问或维修接待顾问向每一位客户赠送《"一对一"顾问式客户服务卡》(表 3-1)。

"一对一"顾问式客户服务卡   表3-1

客户姓名			销售商		
购车日期			型号		VIN码
交车时有关事项的确认(车主填写,有打√,无打×)		□已介绍汽车的基本使用方法,并当面做交车; □已介绍汽车磨合期使用注意事项; □已介绍汽车定期维护的重要性及维护间隔里程(时间); □已介绍驾驶注意事项; □已介绍汽车日常维护的重要性; □已告知客户服务热线的功能及使用; □已介绍质量担保政策			
顾问式客户服务模式(打√或×)		□有问题或需求就直接找服务顾问; □一位客户只由一名服务顾问负责,即:"一对一"; □用户对服务顾问不满意时,可以重新选择服务顾问			
服务顾问主要工作介绍(打√或×)		□维护/维修服务接待; □定期维护提醒回访; □维护/维修咨询解答; □维护/维修预约受理; □重要事项通知回访; □服务活动提醒回访; □重要节日问候; □年审提醒; □车辆保险索赔指导; □车辆保险续保提醒; □抱怨受理; □其他服务			
"一对一"顾问式服务关系建立		服务顾问名片(粘贴)		客户签名: 日 期: 年 月 日 服务顾问签名: 日 期: 年 月 日	

(2)第二步,建立《客户服务档案》A(客户信息)(表3-2)、《客户服务档案》B(车辆维修)(表3-3),以便在以后经营中更好地为客户提供服务。

《客户服务档案》A(客户信息)

服务顾问: 建档日期: 表3-2

车的信息		客户个性特点				定期信息	
购车日期		消费特点	大方	一般	谨慎	维护日期 (预计6次)	
驾龄		对车珍爱程度	珍爱	一般	随意		
车型		汽车专业知识	熟悉	一般	不懂	保险期限	
类别		驾驶水平	高超	一般	较差	年审日期	
用途		维修服务期望	较低	一般	很高	典型事件	

续上表

常跑长途	是	否	沟通难度	容易	一般	偏难	脱保原因	
个人信息			客户忠诚度(第1~3年)					
工作单位			加入俱乐部		是	否		
职务职称			累计维修次数					
办公电话			累计维修金额					
家庭电话			推荐用户数量				公开赞誉	
手机			公开赞誉次数					
电子邮箱			累计积分					
家庭住址			客户级别		VIP	常规		
车主纪念日			不愉快事件(第1~3年)				抱怨事件	
			脱保次数					
			客户责任次数					
			非客户责任次数					
			当面争执次数				其他不愉快	
			投诉到企业次数					
			投诉到外界次数					

《客户服务档案》B(车辆维修)　　　　表3-3

车主姓名			性别		工作单位		
通信地址					邮政编码		
手机			家庭电话		办公电话		
牌号		经销商		购车日期	车型		颜色
变速器(AT/MT)		VIN码		发动机号码	车匙号码		车用途(私/公)

车辆改装记录				严重事故记录				
总成基础件拆检记录				总成基础件更换记录				

序号	送修日	交车日	工单号	里程数	维修类别	维修项目	维修金额	维修接待	维修技师

(3)第三步,客户服务档案的使用。

对于维修企业来说,客户档案主要有以下用途,任选其中一项进行模拟操作:

①车辆保姆:对于绝大多数私家车主来说,他们都不知道如何保持汽车良好状态,出现问题也不知道该怎么解决,甚至连以前发生过问题也可能忘了故障的症状、解决办法以及需要注意事项。这就需要汽车维修企业借助完善的汽车维修档案,给客户提出使用建议、维护计划、修理保障等一系列方案,充当一个车辆使用、维修方面"保姆"角色。

②保管与更新:客户档案编码及存放的原则应该是确保在需要时可以尽快查找得到。为此,建议由专人负责管理及更新,并且按照车牌号码的顺序编排存放,在存放纸质档案的同时,建立电子档案。

客户档案必须时时更新,只要你获得了客户个人信息的变更,只要你对客户的汽车进行任何维护、修理作业,都要在客户档案中予以体现,这样才能发挥客户档案的作用。如果没有及时更新客户档案,有时可能会在与客户的联系中造成令人尴尬的状况,让客户感觉你对他不够重视或者企业管理不善,从而对企业失去信心。

三 学习拓展

汽车维修管理工作页("5S管理"):"5S管理"对于做好汽车维修接待工作具有十分重要的作用,作为汽车维修顾问,需要每天填写《汽车维修管理工作页》(表3-4)和《"5S天天自查"检查报告》(表3-5),做好"5S管理"。

汽车维修管理工作页

教师布置日期: 年 月 日　　　个人完成时间:　　　(分钟)　　　表3-4

问题:"5S管理"对于做好汽车维修接待工作具有十分重要的作用,作为汽车维修顾问,应该如何学会做好"5S管理"	任务:通过自己在校学习,对自己书包、课桌、教室环境卫生的打扫,实践"5S管理"理念

"5S管理"要点:				
	整理分类	整理属性	物品名称	我的具体整理方式
整理	需要使用的	经常使用的		
		偶尔使用的		
		几乎不用但又不能丢的		
	应该清理的	可以出售的		
		可立即丢弃的		
		需要请人帮忙处理掉的		

续上表

	整顿项目		具体整顿内容	我的具体整顿方法
整顿	检查		整顿效果如何？	
	三要素	场所	整体场所如何规划？相关物品放在那里最合适？	
		方法	相关物品怎么放置？	
		标识	如何标识可以让外来者一下子就看明白？	
	三定原则	定点	物品是不是该放哪里就放哪	
		定容	需要多大空间可以让我的物品具有美感且确保能放置？	
		定量	各类物品每个周期需要多少数量？	
	目视检查		我自己先看看，感觉是否漂亮？你们帮我看看，看着感觉舒服吗？	
清扫	区域		清扫内容	我的具体清扫方法
	客户接待台		1.接待台每天清理几次？放置什么必备物品？ 2.各种文件、名片、资料等如何摆放？ 3.电话、电脑等设备多长时间清扫一次？	
	业务洽谈区		1.地面多长时间擦洗一次？ 2.桌椅是否保持洁净、摆放整齐？ 3.是否准备了相关的文具、车型资料？ 4.烟灰缸、桌面何时清理？	
	公共卫生区		1.多长时间清扫一次？ 2.什么情况下及时清扫？ 3.如何排除污染源？	
清洁	区域		清扫内容	我的自查方法
	客户接待台		1.设备、资料准备贯彻"必需"原则； 2.设备、资料摆放整齐、有序； 3.电子文档存放有序、查找便利； 4.环境整洁、干净舒适	
	业务洽谈区		1.文件、资料准备贯彻"必需"原则； 2.桌椅、资料摆放整齐、有序； 3.及时清理，能够保持清洁	
	公共卫生区		1.及时处理污染源； 2.有碍观瞻的物品被及时清理	

续上表

	内 容	我的自查方法
素养	我是否养成整理、整顿、清扫、清洁的良好习惯？ 我是否严格执行了公司的规章制度？ 我是否开始关心别人，培养优秀团队意识？	

"5S 天天自查"检查报告

检查员：　　　　　检查时间：　　年　　月　　日（上午、下午）　　　　表3-5

| 序号 | 项目 | 检 查 内 容 | 分值 | 检查等级及扣分 | | | | 得分 |
				A－0分	B－1分	C－2分	D－3分	
1	入口处	接车区是否有无关车辆停放 路面上有无关的物品或不清洁 指示牌位置不当、不醒目、破损 车主来了，没有人及时接待	15					
2	接待室	接待室标识不明显 地面、墙面脏 接待台物品摆放零乱	15					
3	客户休息室	地面、墙面脏 供客人休息桌椅被占，无饮用水 物品摆放零乱，相关物品不清洁	15					
4	维修接待顾问	未统一着装或着装不规范、不整洁 言谈冷淡或放肆，不符合接待要求	10					
5	维修车间	行车通道不清洁 作业区不清洁，油、液有落地现象 作业区旧件及废料未及时清理 工具摆放混乱 维修作业时未使用相应防护装备	15					
6	维修技师	未统一着装 工装太脏，有明显油污 言行不当 进入车内未戴手套	10					
7	结算室	地面、墙面脏 物品摆放凌乱 客人来结算，没有打印出账单	10					
8	卫生间	相关设施有损坏现象 没有达到卫生要求 有异味	10					

学习纪要：

四 评价与反馈

❶ 自我评价

(1) 通过本学习任务的学习你是否已经知道以下问题：

①是否会使用恰当的技巧和话术了解新客户是首次来店购车或者来店维修的车主？

_____。

②服务顾问是否能根据询问客户的结果正确填写《"一对一"顾问式客户服务卡》？

_____。

(2) 是否正确掌握汽车企业客户信息收集技巧？

_____。

(3) 实训过程完成情况如何？

_____。

(4) 通过本学习任务的学习，你认为自己的知识和技能还有哪些欠缺？

_____。

签名：_____   ____年____月____日

❷ 小组评价

小组评价见表3-6。

小组评价表   表3-6

序号	评价项目	评价情况
1	汽车销售企业客户销售档案管理信息收集方法是否符合要求	
2	是否灵活应用《"一对一"顾问式客户服务卡》进行客户服务档案管理演练	
3	是否灵活应用《客户服务档案管理》A、B卡进行客户服务档案管理演练	
4	是否自如对照《汽车维修管理工作页》《"5S天天自查"检查报告》进行自查	

参与评价的同学签名：_____   ____年____月____日

❸ 教师评价

_____。

签名：_____   ____年____月____日

五 技能考核标准

技能考核标准见表3-7。

技能考核标准表　　　　　　　　　　表 3-7

序号	项目	操作内容	规定分	评分标准	得分
1	准备工作	准备《"一对一"顾问式客户服务卡》1份；准备《客户服务档案》A（客户信息）1份。准备《客户服务档案》B（车辆维修）1份	10	提前准备《"一对一"顾问式客户服务卡》、《客户服务档案》A（客户信息）、《客户服务档案》B（车辆维修）表一份，并做好详实记录，填写细致、规范；不符合标准酌情扣分	
2	客户服务档案管理	车辆维修档案内容及分类	20	正确掌握重点客户、一般客户、维持型客户、无效客户等四类汽车维修客户档案区分方法；不符合标准酌情扣分	
3	客户信息收集处理引导	按照"三步法"（预备调查→正式调查→结果处理）处理客户信息，灵活应用客户信息收集技巧，进行客户档案管理	30	灵活应用无论从什么渠道获得的客户档案，都需及时更新，将客户在与企业交往、交易过程中所表现出来的特质或典型事件进行记录，以便在以后的维修服务中使用；不符合标准酌情扣分	
4	客户信息收集技巧	掌握并灵活应用客户信息收集技巧，处理客户信息，完成客户信息收集各项任务	30	正确运用人员走访法、电话调查法、邮件调查法、现场观察法、焦点人群法、实验调查法、头脑风暴法、德菲尔法等客户信息收集方法；不符合标准酌情扣分	
5	学习、实训场地5S管理	养成整理、整顿、清扫、清洁的良好习惯；严格执行公司的规章制度；关心身边的人，培养优秀团队意识	10	填写《汽车维修管理工作页（5S管理）》、《"5S天天自查"检查报告》；不符合标准酌情扣分	
	总分		100		

项目二　客户分析及分类

学习任务4　客户类型特征分析

学习目标

知识目标

1. 了解客户的需要,即客户买车的理由;
2. 了解客户的个性特征及文化背景。

技能目标

1. 了解客户的能力,包括产品与服务的评价能力、支付能力和决策能力;
2. 通过灵活应用客户需求分析的迪伯达(DIPADA)模式进行客户类型特征演练与分析。

建议课时

2课时。

任务描述

经过一段时间训练,客服专员刘颖的服务综合素质有了很大进步,已能顺利整理客户档案资料。客服主管刘冲为了让刘颖熟悉客户类型分析及应对技巧,又给刘颖布置了下一阶段的任务——客户类型特征分析。

一　理论知识准备

(一)客户需求的涵义

客户需求是以购买力和决策权作为支撑的需要和欲望。客户只有在具有对某类商品需要和欲望的状态下,才可能实现购买。

(二)客户需求的特点

1 客户需求的多样性

客户需求的多样性不但体现在不同客户的需求千差万别、同一客户的需求多种多样,而且体现在不同客户的需要结构也有不同,各层次需求的强度存在显著差别,如图4-1所示为不同客户需求强度。例如,低端车客户把生理和安全需要的满足看得更重;而高端车客户则更看重自我价值的实现以及获得别人尊重。

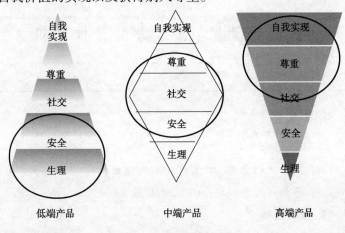

图4-1 不同客户需求强度

2 客户需求的发展性

在总体水平上,汽车客户的消费水平是随着社会经济的发展以及人们生活水平的提高不断发展变化的。当汽车客户某些需求被满足以后,会产生新的、更高级的需求。

3 客户需求的伸缩性

由于受到客户的个性特征、购买能力、生活方式等内在因素和市场产品的供应、价格、宣传、促销等外在因素的影响,客户的需求具有伸缩性。

随着条件的变化,客户的需求可以扩大、增加和延伸,也可以减少、抑制和收缩。

4 客户需求的周期性

客户的某种消费需求得到满足以后,经过一定时间后,可能重新出现这种需求,这就是客户需求的周期性。客户需求的周期性是由于影响需求周期性的因素、客户的生理规律、客户所处自然环境的变化、社会时代的变化,以及其他周期性因素导致的。

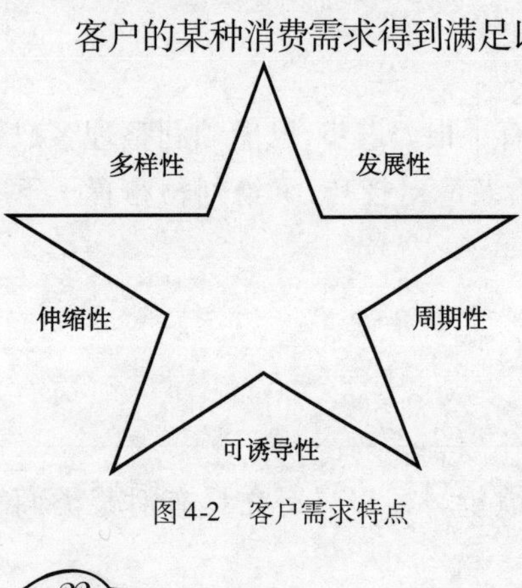

5 客户需求的可诱导性

客户的需求不是一成不变的,经过营销企业和相关人员的影响,可以被诱导、引导和调节,这为汽车营销企业进行有效的营销提供了心理学基础。

客户需求特点如图4-2所示。

图4-2 客户需求特点

(三)客户类型分析及应对

1 分析型客户需求分析及应对

分析型客户需求分析及应对技巧可参考表4-1。

分析型客户　　　　　　　　　　　　　　　　表4-1

特　征	需　求	恐　惧	销售策略
1.天生爱分析; 2.问许多具体细节方面的问题; 3.较敏感,喜欢较大的个人空间; 4.事事追求完美; 5.喜欢条条框框; 6.决策非常谨慎,过分地依赖材料和数据; 7.工作起来很慢	1.安全感; 2.不希望有突然的改变; 3.希望别人重视	1.批评; 2.局面混乱; 3.没有条理; 4.新的做法和方法	1.尊重他们对个人空间的需求; 2.不要过于随便,公事公办; 3.摆事实,并确保正确性,对方对信息的态度是多多益善; 4.做好准备,放慢语速,鼓励他多动手; 5.不要过于友好以防加强他的戒心; 6.把精力放在事实上

2 控制型客户需求分析及应对

控制型客户需求分析及应对技巧可参考表4-2。

控制型客户　　　　　　　　　　　　　　　　表4-2

特　征	需　求	恐　惧	销售策略
1.冷静、独立、以自我为中心; 2.发号施令、发表讲话; 3.不容忍错误; 4.不在乎别人的情绪、别人的意见; 5.喜欢控制局面,一切为了赢	1.直接回答问题; 2.大量的新想法; 3.了解事实	1.犯错误; 2.无结果; 3.不理睬	1.充分的准备,用专业知识引导; 2.准备一份计划书,辅以背景资料; 3.要强有力,但不要挑战他的权威地位; 4.喜欢有锋芒的人,但同时也讨厌别人告诉他怎么做; 5.从结果的角度谈,提出2~3个方案备选; 6.解释你的建议是如何帮助他达到目标的

3 友好型客户需求分析及应对

友好型客户需求分析及应对技巧可参考表4-3。

友好型客户 表4-3

特征	需求	恐惧	销售策略
1.善于保持人际关系； 2.关心别人，喜欢与人打交道，待人热心； 3.不喜欢主动，喜欢停留在原地； 4.出色的听众，迟缓的决策者； 5.不喜欢与人闹矛盾；耐心，帮激动的人冷静下来	1.安全感； 2.真诚的赞赏； 3.传统的方式和程序	失去安全感	1.放慢语速，以友好的但非正式的方式交谈； 2.提供个人帮助，建立个人之间的信任关系； 3.从对方角度理解问题； 4.讨论问题要涉及人的因素

❹ 抒发型客户需求分析及应对

抒发型客户需求分析及应对技巧可参考表4-4。

抒发型客户 表4-4

特征	需求	恐惧	销售策略
1.女性居多； 2.充满激情，有创造力、理想化、乐观； 3.喜欢参与，不喜欢孤独； 4.追求乐趣，乐于让人开心	1.公众的认可； 2.民主的关系； 3.表达的自由； 4.有人帮助实现创意	1.失去大家认同； 2.不耐烦的态度	1.表现出充满活力、精力充沛的性格特点； 2.提出新的独特的观点； 3.给他们时间说话； 4.明确目的，讲话直率； 5.以书面形式与其确认； 6.要有心理准备，他们不一定说到做到

（四）冰山理论

客户的需求常常不会表现得很明显，常常需要销售顾问引导和发掘，寻找客户深层次真正的需求，客户需求分为显性需求和隐性需求，这就是客户需求的"冰山理论"。

客户的显性需求主要有价格、产品等，而隐性需求主要包括价值、感觉氛围、服务体验、感性因素等。

二 任务实施

❶ 准备工作

（1）熟悉客户类型分析及应对技巧；
（2）熟悉客户的显性需求和隐性需求分析技巧。

❷ 技术要求与注意事项

1）技术要求

(1)分组:客户组、销售顾问组;

(2)要求:自我测试确定自己的客户需求类型,准确运用学习过的原理,使用恰当的技巧和话术进行演练;

(3)点评:互相点评,小组点评,老师点评。

2)分析客户需求类型过程中需注意事项

(1)客户的表明需求只有10%~15%;

(2)客户的需求不是一成不变的,也不是一时的,是长期的、变化的;

(3)客户的需求在销售顾问的影响区间内,可以被销售顾问强化影响;

(4)销售过程中要无时无刻不判断客户的需求。

3 操作步骤

(1)第一步,自我测试回答三个问题测试,确定自己的客户需求类型。

①请先给自己一个判断,确定自己的需求类型?

②请你思考如果你购买最贵重的物品时,你会如何思考决策?

③请你思考你最讨厌销售人员怎样的销售方式?

(2)第二步,小组互动。

将自测的三个问题交给组员,让他根据你的答案对照知识准备中四类客户需求类型特点进行比较,初步判定你的客户类型。

(3)第三步,请你的组员根据你的客户类型分析结果,设计出一个向你推荐产品的方案。

在实际工作中,很多客户并不是只存在单一类型的需求,后天形成的混合趋势对购买的决策影响有限,只有天生的需求类型才会最终决定客户的购买决策。销售顾问为客户提供的多种解决方案,有可能没有一种能满足客户需求,因此在设计时需强调每一种解决方案的合理性和利益性,最终帮助客户从多种解决方案中做出选择,实现增强客户满意度的目标。

三 学习拓展

需求分析的"迪伯达"(DIPADA)模式:

海因兹·姆·戈德曼根据自身推销经验总结出一种创造性的推销方法,称为需求分析的"迪伯达"(DIPADA)模式。

迪伯达模式认为成功推销应当执行六个步骤:

第一步,准确地发现客户的需要与愿望,了解不同客户的需求强度;

第二步,把推销品与客户需要结合起来;客户需求是以购买力和决策权力作为支撑的需要和欲望,客户只有在具有对某类商品的需要、欲望和需求的状态下,才可能实现购买;

第三步,证实所推销的产品符合客户的需要;

第四步,促进客户接受所推销的产品;

第五步,激起客户的购买欲望;

第六步,促成客户采取购买行动。

"迪伯达"模式的任何一步都离不开对客户的需求分析。

四 评价与反馈

1 自我评价

(1)通过本任务的学习你是否已经知道以下问题：
①是否会用"迪伯达模式"分析客户需求？
_____
②是否能根据客户类型分析结果为客户提供解决方案？
_____

(2)是否正确掌握客户类型分析及应对技巧？
_____

(3)实训过程完成情况如何？
_____

(4)通过本任务的学习，你认为自己的知识和技能还有哪些欠缺？
_____

签名：_____　　_____年____月____日

2 小组评价

小组评价见表4-5。

小组评价表　　　　　　　　　　　表4-5

序号	评价项目	评价情况
1	是否掌握客户需求类型分析及应对技巧	
2	是否能初步判定你的客户类型	
3	是否能根据客户类型分析结果，设计出一个向你推荐产品的方案	
4	设计的解决方案是否合理	
5	是否能帮助客户从多种解决方案中做出选择，增强客户满意度	
6	团结协作情况	

参与评价的同学签名：_____　　_____年____月____日

3 教师评价

_____
_____

签名：_____　　_____年____月____日

五 技能考核标准

技能考核标准见表4-6。

项目二 客户分析及分类

技能考核标准表　　　　　　　　　　　　　　　　　　　　表4-6

序号	项目	操作内容	规定分	评分标准	得分
1	准备工作	准备客户需求分析表一份,并做好详实记录	10	提前准备客户需求分析表,填写细致、规范;不符合标准酌情扣分	
2	客户需求分析	准确地发现客户的需要与愿望,了解不同客户的需求强度	30	掌握并灵活应用客户需求技巧,客户需求类型分析处理及时、有效;不符合标准酌情扣分	
3	客户类型分析	比较四类客户需求类型特点,初步判定你的客户类型	20	客户类型定位分析方法使用得当;不符合标准酌情扣分	
4	产品推荐方案引导	根据你的客户类型分析结果,设计出一个向客户推荐产品的方案,增强客户满意度	30	准确运用学习过的原理,使用恰当的技巧和话术进行演练;不符合标准酌情扣分	
5	"迪伯达模式"需求分析	掌握并灵活应用"迪伯达模式"进行客户需求类型分析	10	掌握并灵活应用客户需求分析技巧,完成客户需求分析各项任务;不符合标准酌情扣分	
		总分	100		

学习任务5　客户需求及客户购车背景分析

学习目标

★ 知识目标

1. 通过热情、礼貌、专业化的接待,引导客户主动叙述他的购车需求;
2. 适当的提问,鼓励客户发言,使客户感受到"客户第一"的态度,能充分自主地表达客户需求。

★ 技能目标

1. 顾问式地协助客户挑选可选购的车型,便于商品说明程序的进行;
2. 通过提问和倾听全面了解客户购买车辆预算、角色信息、客户需求信息。

 建议课时

2课时。

客户关系管理

任务描述

通过一段时间观察,客服主管刘冲对客服专员刘颖前期任务完成情况给予充分肯定,同时也给刘颖布置一项更具挑战的任务:正确进行客户需求分析。

一 理论知识准备

(一)客户需求形成及变化

客户从购买冲动的产生到最后成功购车,意识行为变化过程就是客户需求形成及变化(图5-1)的过程。

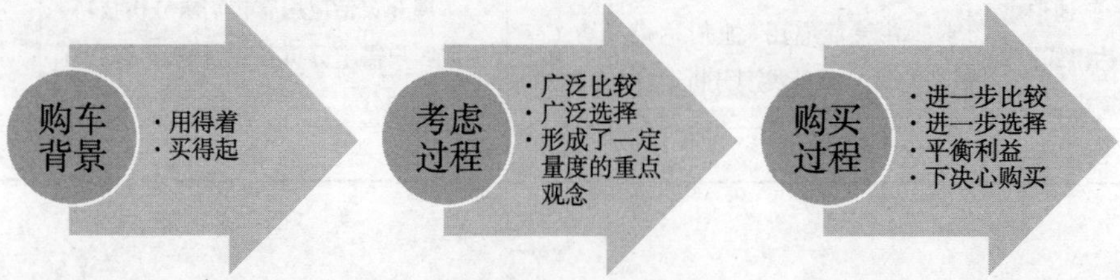

图5-1 客户需求形成及变化

(二)客户需求分析基本流程

客户需求分析过程是销售顾问与客户密切交流沟通的过程,在与客户交流中发觉客户需求,记录下来后及时按照客户需求分析基本流程(图5-2)提供能满足客户需求的解决方案。

图5-2 客户需求分析基本流程

1 提问环节

1)客户需求分析问题分类

(1)一般性问题——询问客户的买车背景,用车历史以预测未来买车动向;

(2)辨识性问题——根据客户初步的说法,提出若干辨识性问题引导客户进一步说明需求;

(3)连接性问题——对客户的需求有一定了解之后,提出一些连接性问题引导客户把需求转移到买车的主题上去。

2)开放式提问和封闭式提问

提问有开放式提问和封闭式提问两种主要的方式。

(1)开放式提问的主要目的是收集信息,销售人员可以通过开放式提问,让客户展开话题,充分表露自己期望和需求。适当的开放式问题能让客户打开话匣子,为销售人员提供更多的信息。开放式问题是用来引导客户讲述事实的,例如:"您能说说你对想购买的车辆有哪些具体要求?""您能告诉我您的想法吗?""您最想了解的问题是什么?"开放式问题便于更详细地了解情况或让客户说出一些销售顾问忽略的细节。

(2)封闭式提问的主要目的是确认信息,在收集到足够的信息后,销售人员就可以根据封闭式问题确定自己的判断和理解,将客户的需求不断地确定下来,最后确认哪些产品或服务能够符合客户的需求。封闭式问题就是对客户的问题做个重点重述,用来结束提问。当客户叙述完毕后,销售顾问会说"您的意思从黑色和银色中间选择,是这样的吗?""你是觉得舒适性更适合您吗?""您看您需不需要加装导航仪呢?"

3)开放式提问和封闭式提问利弊分析

开放式提问和封闭式提问的利弊对比见表5-1。

开放式提问和封闭式提问的利弊对比　　　　表5-1

利弊	开 放 式 提 问	封 闭 式 提 问
益处	1.可获得足够的资料; 2.在对方不察觉的情况下影响谈话; 3.让对方相信他自己在主导谈话; 4.鼓励对方参与,制造和谐气氛	1.很快了解对方的想法; 2.可用来锁定对方的意图; 3.可用来确认所听到的情况是否正确
弊处	1.需要更长时间; 2.要求客户的参与; 3.有走题的危险	1.需问更多问题才能了解对方情况; 2.用的不得当容易自以为是,得到不正确的结论; 3.容易制造负面气氛; 4.方便不肯合作的人

❷ 倾听环节

倾听不同于简单的听取,不同的倾听方式造成不同的效果。在倾听过程中应注意重点,保持愉快的交谈环境,不要随意打断客户的表述,并作出积极的回应。

提问和倾听的目的在于进行准确的需求分析。

❸ 总结客户需求获取目标信息环节

经过对众多客户需求的分析与总结,我们将我们需要得到的信息归纳为三类:购买车辆预算、角色信息、客户需求信息。

1)购买车辆预算

销售的三个要素中,购买力是购买行为的基础,客户没有购买力就谈不上销售过程。我们需要得到的客户购买预算的信息包括现在的支付能力、计划用于购车上多少钱、青睐的财务付款方式等。

2)角色信息

(1)群体客户的角色分析。

我们面对的客户可能是一个人,也可能是一群人,我们要准确的从中判断,谁是购买行为的购买者,谁是决定者,谁是最终的使用者,而谁是对购买行为产生影响的人。如何分辨众多角色呢?用眼睛肯定不够,我们要寻找交流的机会,创造机会让每一位来访者表达自己的观点和期望,那么我们就能够从言谈中进行客户角色的有效判断。

(2)客户的个人信息。

我们在进行需求分析之后,需要建立客户详细的个人档案,收纳客户的个人信息,包括:姓名、地址、电话、驾龄、职业、兴趣、业余爱好、预期购买时间、购买车辆用途、家庭成员等信息,客户的个人信息要尽可能的详细,可以包括同行的朋友、同事以及家人信息。

(3)现用车辆信息。

对于第二次购车的客户,我们应清楚地了解客户现有车辆以及对现有车辆的一些想法,对我们的销售具有很大的促进作用。我们需要收集的现用车辆信息包括:厂家、型号、车龄、里程、每年的行驶里程、喜欢的理由、不喜欢的理由、费用问题、车辆的事故情况等。

(4)计划购车信息。

了解客户计划购买的车辆,以及购买后的使用方案,能够让我们更准确地帮客户选择车辆型号配置,提升我们的专业水准,使客户满意。计划购车信息包括:计划每年行驶里程、用途、参数选择、配置要求、颜色要求、购买时间等。

3)客户需求信息

在客户的分类里面,我们将客户的情感度分为偏感性和偏理性,所以我们客户的需求也可以划分为感性需求和理性需求。感性需求包括:品味、实力、地位、面子、时尚感受等情感因素;理性需求包括:产品质量、性能、安全性、舒适性等使用因素。

客户的购买行为的产生主要取决于事实,即客户前期的理性需求;但是客户在做购买决定的时候往往更青睐他们的感觉,即感性需求,特别是在中国市场,这是很普遍的现象。

以上这些客户需求的信息,都是我们在与客户沟通的过程中需要围绕的目标,我们要带着这些目标,有方向的引导或询问客户,让客户在被尊重的感觉下,主动告诉我们答案。

(三)需求分析与价值洞察

市场需求分析与价值洞察见表5-2。

需求分析与价值洞察　　　　　　　　　　表5-2

客户价值与企业价值的差距	设计差距	感知差距	信息差距	满意差距
导致的原因	由于企业条件或产品开发与市场脱节等原因,企业以"想提供的价值"为基础,设计出以具体产品或服务为载体的"设计价值",两者之间存在"设计差距"	客户的主观性价值感知,使"期望价值"与设计价值间出现"感知差距"	由于信息不对称,或是企业在需求调查中,掺杂了企业自身的思想,对客户需求的分析未必客观准确,所以"想提供的价值"与客户"想得到的价值"之间存在"信息差距"	当客户使用产品后,所"得到的价值"与期望价值之间的差距为"满意差距"
解决方法	通过缩小以上各个差距,企业就可以提供真正为客户所需的价值			

（四）影响客户购买行为的四大基本因素

影响客户购买行为的四大基本因素如图5-3所示。

（1）心理因素：影响客户购买行为的心理因素，包括需要与动机、后天购买经验与攀比心态、信念与态度等。

（2）个人因素：包括收入水平、年龄与职业、人的生命周期阶段、经济环境、生活方式、性格与自我观念等。

（3）文化因素：包括文化背景、文化水平、（民族、宗教、地理）亚文化、社会阶层、社会习俗、消费习俗等。

（4）社会因素：包括汽车保有量、参与群体、家庭负债情况、消费信贷、车主社会角色与地位等。

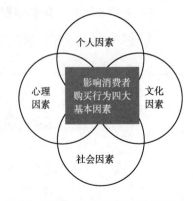

图5-3　影响客户购买行为四大基本因素

（五）客户需求归纳分析

客户需求分析是观察、沟通、思考的艺术，面对不同客户，需求不同，需要从每一次的客户接待实际工作中逐渐积累，不断提高沟通及专业能力，提高客户满意度，获得客户长期信任，拉近彼此间距离。

1 家庭情况影响购买行为

不同家庭状况购买行为分析见表5-3。

不同家庭状况购买行为分析

家庭状况	购买行为模式
单身期：年轻、浪漫	无经济负担，购车目的以追求时尚为主，没有雄厚经济实力，用车需求少，渴望借车彰显社会地位
新婚期：结婚2年左右，无子女	收入基本稳定，购房需求高于购车欲望，购车目的以实用为主，消费理性
育儿期：结婚5~6年，孩子小于6岁	开始教育小孩，流动资产少，关注汽车广告，考察广泛，改善居住条件后开始考虑购车
教育期：结婚10年左右，孩子6岁以上	经济状况好转，较少受广告影响，考察周详，购车目的以家用和休闲为主，用车需求提升
满巢期：结婚15年左右，中年夫妇尚有子女抚养	经济状况较好，基本不受广告影响，购车目的以接送小孩、上班便利和休闲为主，用车欲望强
向老期：结婚20年以上，中老年夫妇，子女已独立，但仍在工作	经济实力雄厚，对新产品兴趣较弱，购车目的以休闲和旅游为主，有较高汽车消费能力
孤老期：老年夫妇，子女已不在身边，可能退休	退休收入减少，购车目的以馈赠子女为主，通常多考虑汽车价格，而由子女决定品牌

② 不同年龄社会阶层消费特性

不同年龄社会阶层消费特性见表 5-4。

不同年龄社会阶层消费特性　　　　　　　　　　　　表 5-4

年　龄	男　性	女　性
小于 20 岁	独生子女,无经济来源,有决策权,但资金靠他人提供	
20～30 岁	白领阶层,中层管理者,个性鲜明,事业成长期,年轻父亲	白领阶层,收入稳定,追求时尚,年轻母亲
35～50 岁	事业有成,稳健持重,积蓄较多,渴望休闲	相夫教子,以丈夫和子女的成功为荣,进取心降低
50 岁以上	领导者,空巢家庭,身体状况稍差,旅游休闲	退休,家庭妇女,旅游休闲,为子女着想

二　任务实施

① 准备工作

准备咨询笔记本 1 本。

② 技术要求与注意事项

1)技术要求

(1)分组:客户组、销售顾问组。

(2)要求:协助客户表达他的需求,让客户进行模拟演练有表达的快感,准确运用学习过的原理,使用恰当的技巧和话术。

(3)点评:互相点评,老师点评。

2)客户需求分析过程中需注意事项

(1)在于了解客户的需求;协助客户表达他的需求,总结客户的需求,以便进行产品介绍。

(2)在于让客户有表达的快感,让客户感觉我们尊重他以及他的需求,让客户开始体验我们提供的专业购车咨询服务。

③ 操作步骤

(1)第一步,提问环节。

①销售顾问选用几个适当的开放式问题让客户打开话匣子开始交谈;

②根据客户买车背景,选择采取适当的提问方式(一般性问题、辨识性问题或连接性问题);

③分析影响客户购买行为的心理因素(图 5-4)。

(2)第二步,倾听环节,运用以下需求分析清单检查自己倾听的效果。

①是否已经问了足够多的问题;是否问了恰当的问题;

②是否做到了认真地倾听;

③是否对接受的信息做出了反映;

④是否清楚了客户所要表达的意思;

⑤是否已经完全地了解了客户的需求。

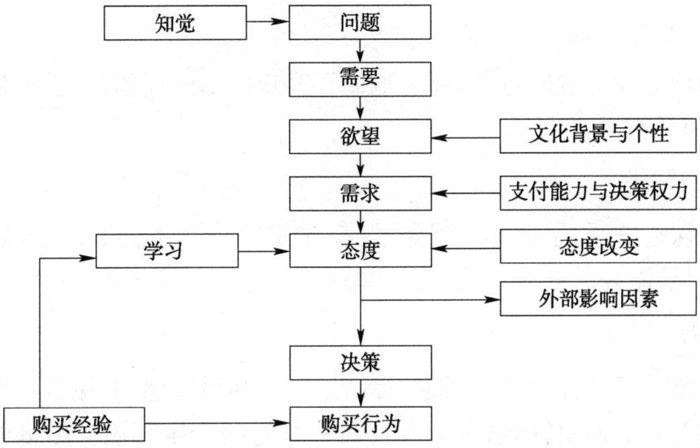

```
知觉 → 问题
       ↓
       需要
       ↓
       欲望 ← 文化背景与个性
       ↓
       需求 ← 支付能力与决策权力
       ↓
学习 → 态度 ← 态度改变
       ↓   ← 外部影响因素
       决策
       ↓
购买经验 → 购买行为
```

图 5-4　影响客户购买行为的心理因素

（3）第三步，总结客户需求获取目标信息环节。

①用提问的方式，协助客户整理客户需求并适当总结；

②征求客户同意，在"咨询笔记本"内记录客户需求；

③最后协助客户选择一款适合的车型。

三　学习拓展

梅赛德斯—奔驰汽车的销售流程如下。

❶ 售前准备

通过提供客户关心的品牌和产品方面的实用信息及安排到店选购的预约，得到销售机会。通过提供迅速、专业、有价值的服务促使客户光临经销商。有效地利用客户数据库、经销商管理系统的信息，为客户光临经销商做好充分准备，促进客户的生成。

❷ 到店接待

给客户留下良好的第一印象。无论客户外表或背景怎样，对所有客户一视同仁，以同样方式让所有客户感受"梅赛德斯—奔驰销售体验"的独特之处。每一位员工都知道如何让客当感到舒适、受欢迎和被重视，并相应地行动起来。

❸ 需求分析和产品展示

关注客户的谈话及发现他的要求、需要和期望，通过运用提问技巧（目标明确、事后总结）、检查、讨论和明确客户的需要。基于需求分析，推荐符合要求的产品给客户，提供产品销售工作流程的估算（产品到货前所需要的时间）。静态展示主要采用 FAB 销售法，描述产品的好处、优点，激发客户想要拥有梅赛德斯—奔驰产品的热情。

❹ 试乘试驾

通过与客户个人需求和偏好相匹配的试乘试驾体验，让客户感到欣喜，感到舒适，并建立客户对选择梅赛德斯—奔驰产品的信心。继续介绍车辆的相关配置，提供个性化的产品价值。在回到经销店时,促使客户进入销售流程的下一个步骤。

❺ 报价和议价

确认客户对产品和配置的选择,有效地回答客户提出的任何问题,积极推荐贷款和车辆保险,使定价和贷款透明化。

❻ 潜在客户跟进

与每位客户保持联系,了解客户决策状态,确定客户对报价的态度,确定跟进客户的方法,向客户提供他需要的补充信息,帮助客户做出购车决策。

❼ 达成交易

通过详尽介绍手续文件的各个要素,提高透明度和信任感,避免客户在等待的时候感觉到无聊。通过有效的期望管理,避免客户对交车时间产生不满。尽可能在交车前完成所有手续,保证客户应享受交车活动,将注意力完全集中在新车上。

❽ 交车和售后跟踪

使交车成为一次令人兴奋和难忘的体验,契合客户期望。欢迎客户成为梅赛德斯—奔驰家庭的尊贵一员。确保客户知道如何充分发挥新车性能,从而获得口碑和最高的满意度,告知客户维修保养相关信息。顺畅地将客户介绍给售后服务顾问,增强客户对经销商服务能力的信心。确认客户对新车感到满意,如果不满意,立即着手调查并解决问题。不间断地回访客户,建立牢固和长久的关系,为客户提供持续的、令人欣喜的服务。

四 评价与反馈

❶ 自我评价

(1)通过本任务的学习你是否已经知道以下问题:

①是否会用"影响客户购买行为的四大基本因素"分析客户需求?

_____。

②是否能根据客户需求分析结果为客户提供多种解决方案,最后协助客户选择一款适合的车型?

_____。

(2)是否正确掌握汽车企业客户需求分析环节中的提问技巧?

_____。

(3)实训过程完成情况如何?

_____。

(4)通过本任务的学习,你认为自己的知识和技能还有哪些欠缺?

_____。

签名:_____ _____年___月___日

❷ 小组评价

小组评价见表5-5。

小 组 评 价 表　　　　　　　　　　　　　　　　表5-5

序号	评价项目	评价情况
1	根据客户买车背景,是否能合理规范地使用提问技巧	
2	运用检查需求分析清单的方法检查自己倾听的效果	
3	是否能根据客户需求分析结果为客户提供多种解决方案,最后协助客户选择一款适合的车型	
4	是否能正确分析影响客户购买行为的四大基本因素	
5	是否能保持学习、实训场地整洁	
6	团结协作情况	

参与评价的同学签名:_____　　_____年___月___日

❸ 教师评价

_____

_____。

签名:_____　　_____年___月___日

五 技能考核标准

技能考核标准见表5-6。

技能考核标准表　　　　　　　　　　　　　　　　表5-6

序号	项目	操作内容	规定分	评分标准	得分
1	准备工作	准备咨询笔记本1本,并做好详实记录	10	提前准备客户需求分析清单,填写细致、规范;不符合标准酌情扣分	
2	客户购买行为分析	影响客户购买行为的四大基本因素	20	客户需求分析方法使用得当;不符合标准酌情扣分	
3	客户需求形成及变化	分析客户从购买冲动的产生到最后成功购车的意识变化	30	不同家庭状况购买行为分析、不同年龄社会阶层消费特性分析得当;不符合标准酌情扣分	
4	客户需求分析	按提问、倾听、总结客户需求获取目标信息三个环节进行客户需求分析,提高客户满意度	30	灵活应用需求分析"三环节法"进行客户需求案例演练与分析、操作步骤清晰,有效达到提高客户满意度目标;不符合标准酌情扣分	
5	汽车销售流程分析	掌握基本汽车销售流程	10	基本汽车销售流程清晰;不符合标准酌情扣分	
	总分		100		

学习任务6　客户需求应对技巧

学习目标

★ **知识目标**
1. 掌握客户需求分析话术技巧；
2. 正确认识客户需求分析行为指导。

★ **技能目标**
1. 掌握应对不同客户需求的方式；
2. 通过灵活应用客户需求应对技巧进行客户需求案例演练与分析。

建议课时

2课时。

客服主管刘冲对客服专员刘颖前期任务的完成情况非常满意，他认为刘颖的业务能力可以进一步发展，于是他给刘颖指派了一位师傅，并布置给刘颖另一项任务：学习客户需求应对技巧。

一　理论知识准备

（一）客户需求分析行为指导

1. 当客户开始表达需求时

（1）眼神接触，关心的表情，身体前倾，热情倾听，表示对客户的关心与尊重；

（2）使用开放式提问，主动进行引导，让客户畅所欲言；

（3）留心倾听客户的讲话，了解客户真正的意见，在适当的时机做简单的回应，不断鼓励客户发表意见；

（4）不要打断客户的发言，客户说完后再讲述自己的意见；

（5）征得客户同意，详细记录客户谈话的要点；

(6)未明确客户需求时,不可滔滔不绝地做介绍。

❷ 协助客户总结需求

(1)适当地利用刺探与封闭式的提问方式,引导客户正确表达他的需求;

(2)保持对客户的兴趣,鼓励客户发言;

(3)顾问式地协助客户总结他的需求,挑选可选购的车型。

❸ 分析客户需求

客户需求分析流程如图6-1所示。

(1)遇到不懂的问题,请其他同事协助,回答客户所需信息;

(2)分析客户的不同需求状况,充分解决和回复客户提出的问题;

(3)及时与上司沟通情况,获得必要的指导。

❹ 满足客户需求的解决方案

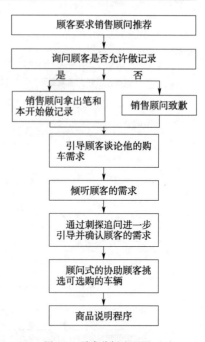

图6-1 需求分析流程图

(1)建立互信关系,继续加深你在客户心目中的依赖感;

(2)站在客户的立场来考虑事情,把客户当成自己的朋友,并非仅是"买卖关系";

(3)使用客户能理解的方式进行 SAB 法(S—Solution,解决方案;A—Advantage,优势;B—Benefit,利益),而且对不同的客户及其利益需求要提供不同的创意服务。

(二)应对不同客户需求的方式

❶ 客户想要一本型录时,应对顾客来访的方式

顾客想要一本型录时的话术技巧(图6-2,S 为销售顾问,C 为顾客)。

(1)询问客户想要哪种产品型录,恭敬地递给这位客户他所想要的型录,同时递上自己名片。

提示:递给客户型录及自己的名片时要正面朝向客户。

如果客户知道他所感兴趣的车型,并只是想要一本型录,则:

(2)请客户坐下,并奉上茶,询问客户有什么需要帮忙?

(3)避免以专业术语来介绍,使用客户能懂的用语做说明。

(4)未确定客户需求时不可滔滔不绝地作介绍。

(5)将型录放入信封,交给客户。

(6)与客户应对过程中始终保证视线高度与客户相称,对坐下的客户不要站着与其交谈。

(7)询问客户是否愿意留下基本信息(姓名、地址、电话号码等),销售人员填写《来店(电)客户登记表》,问客户今后是否可以和他再联系。

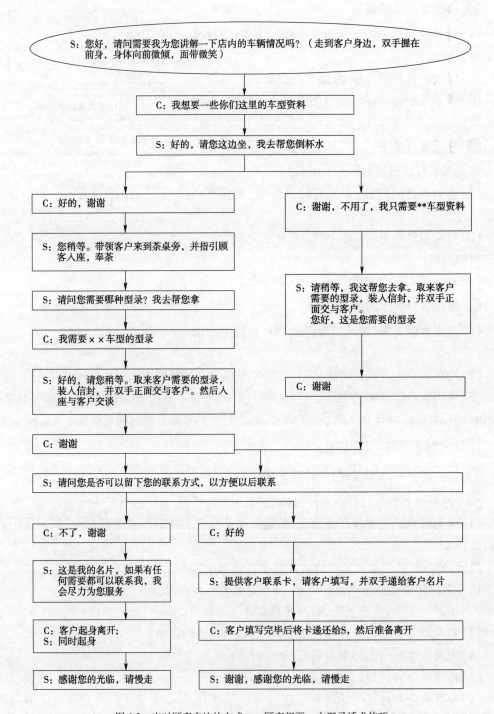

图 6-2 应对顾客来访的方式——顾客想要一本型录话术技巧

提示: 可考虑使用意见征询表或赠品发放登记表等方式留下客户资料,以减少客户抵触情绪。

(8)感谢客户的光临。

❷ 客户希望看车,但不知道对哪种车真正有兴趣时

客户希望看车,但不知道对哪种车真正有兴趣时话术技巧(图6-3,S为销售顾问,C为客户)。

(1)请客户提供基本信息,以确定其购买动机,为鼓励客户自愿提供信息,可采用如下开放式问题:

①为什么考虑要买部新车?

②对车最感兴趣的是什么?

③计划如何使用这部新车?

(2)让客户完全随意地回答你的问题,尽量不要让客户有压迫感。

(3)仔细倾听客户所说的话,和客户保持目光接触。点头,对客户表示赞同,可用"是的","我了解""您说的是""您说得很有道理""还有呢"等语句。

(4)复述或表达所听到的,认同客户的看法,表示我们了解他的需求。

(5)请客户确认你的理解,以便他相信你已了解他最重要的需求。

(6)回答客户可能提出的任何问题,如果你不能回答客户的问题,你就要主动表示要为其获得有关信息。

(7)根据客户提供的购车动机,为其推荐1~2种你认为他可能感兴趣的车型。

(8)给客户提供一本他感兴趣的车型的型录。

(9)提出可以带客户去看他所感兴趣的车。

提示:不要勉强客户进入"产品介绍"或"协商"步骤。

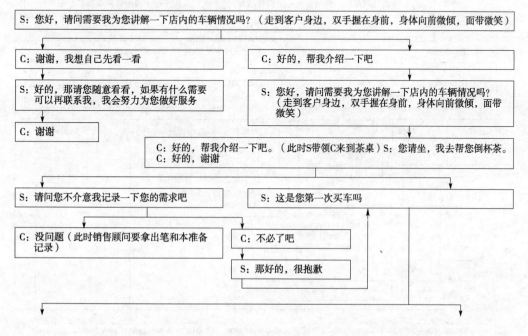

图 6-3

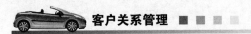
客户关系管理

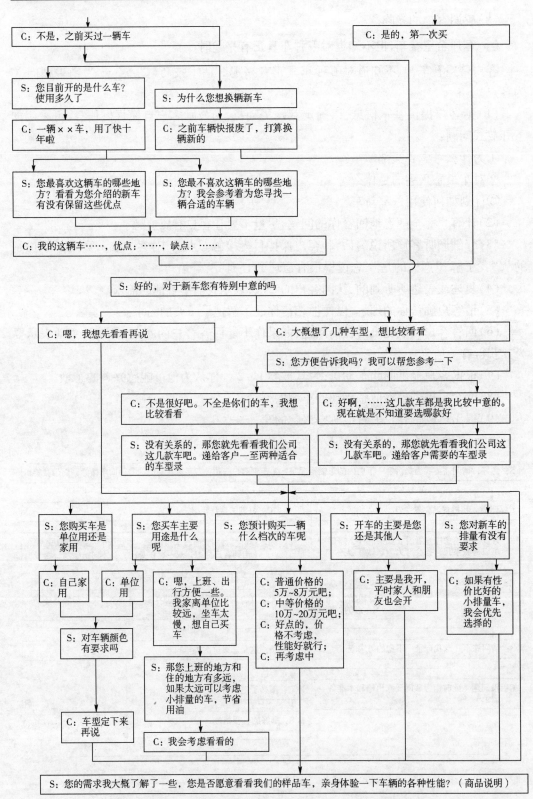

图 6-3　客户希望看车,但不知道对哪种车真正有兴趣时的话术技巧

项目二 客户分析及分类

❸ 客户希望看看某一档次的车型时应对顾客来访的方式

客户希望看看某一档次车型的话术技巧(图6-4,S为销售顾问,C为客户)

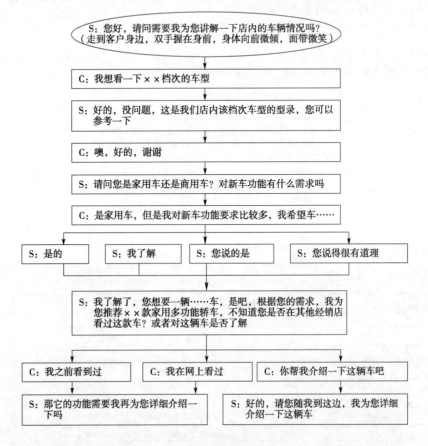

图6-4 应对顾客来访的方式——顾客希望看看某一档次车型的话术技巧

(1)给客户提供一本他感兴趣的车型的型录。

(2)请客户告知其生活方式或所希望的汽车功能,以便决定向其推荐哪种档次。

(3)请客户告知他是否已决定购买那种档次的车,以帮助确定其所感兴趣的具体车型。

(4)仔细倾听客户所说的话,和客户保持目光接触,点头,对客户表示赞同,可用"是的"、"我了解"、"您说的是"、"您说得很有道理"、"还有呢"等语句。

(5)复述或表达所听到的,认同客户的看法,表示我们了解他的需求。

(6)根据客户提供的信息,向客户推荐某一特定档次的车。

如果客户已选定所需的档次或档次已按上述方法确定,则:

(7)问客户以前是否已经看过这种车,以免浪费他的时间。

(8)问客户是否去过同类车型的4S店,以便确定他的购车经验。

提示:不要勉强客户去考虑他并不感兴趣的车型。

❹ 客户希望商谈某一具体车型价钱时应对顾客来访的方式

客户希望商谈某一具体车型价钱的话术技巧(图6-5,S为销售顾问,C为客户)

(1)询问客户是否已看过其所要车,是在本店还是在其他店。
(2)询问客户是否需要去看其所要的车。
(3)请他确认所希望的车型和档次。

如果客户说"是",则:

(4)带客户去看车。

提示:不要重复他已在另一家店已经历过的销售步骤。

(5)如果客户说"不",则:按统一要求报价。

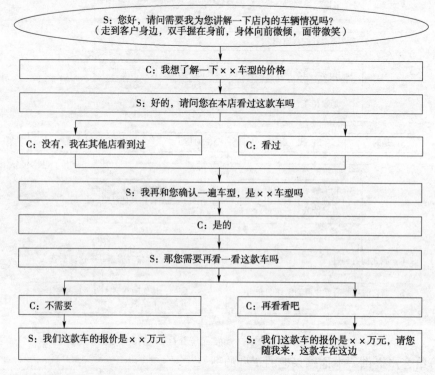

图6-5 应对顾客来访的方式——顾客希望商谈某一具体车型的价钱话术技巧

(三)客户需求应对技巧

1 当客户表达需求时

(1)销售顾问在和客户面谈时,保持一定的身体距离,随时与客户保持眼神接触。
(2)销售顾问需要保持热情态度,使用开放式的问题进行提问,并主动引导,让客户畅所欲言。
(3)销售顾问必须适时使用刺探与封闭式的提问方式,引导客户正确表达想法。
(4)销售顾问可针对客户的同伴进行一些引导性的话题。
(5)销售顾问需要留心倾听客户的讲话,了解客户真正的需求。
(6)在适当的时机作出正面的响应,并不时微笑、点头、不断鼓励客户发表意见。
(7)征得客户允许后,销售顾问应将谈话内容填写在自己的销售笔记本中。
(8)销售顾问必须随时引导客户针对车辆的需求提供正确想法和信息以供参考。

② 当确定客户需求时

(1) 当客户表达的信息不清楚或模糊时,应进行澄清。

(2) 当你无法回答客户所提出的问题时,保持冷静,切勿提供给客户不确定的信号,可请其他同事或主管协助。

(3) 销售顾问应分析客户的不同需求状况,并充分解决及回复客户所提出问题。

(4) 协助客户整理需求,适当地总结。

(5) 协助客户总结需求,推荐可选购的车型。

(6) 重要需求信息及时上报销售经理,请求协助。

二 任务实施

① 准备工作

准备倾听技巧评价表1份。

② 技术要求与注意事项

1) 技术要求。

(1) 分组:客户组、销售顾问组;

(2) 要求:互相扮演客户及销售顾问,客户叙述购买车辆要求,销售顾问注意倾听,进行倾听技巧测验,准确运用学习过的原理,使用恰当的技巧和话术;

(3) 点评:互相点评,老师点评。

2) 倾听客户谈话需注意事项

(1) 将注意力集中在客户身上;

(2) 了解客户观点;

(3) 不要只是主动倾听谈话内容,还要从客户脸部表情和语调来了解客户需求;

(4) 在此倾听阶段中,先不要评判客户需要购买车辆的需求;

(5) 不要只听自己想听到的事。

③ 操作步骤

(1) 第一步,主动倾听,找出客户需求的六个要点(表6-1)

倾听中找出客户需求的六个要点　　　　　　　　表6-1

主动倾听的做法	语言范例
1. 专注的态度; 2. 身体微微前倾,保持和客户眼神接触,表示你在专心倾听客户谈话,让客户放轻松,让客户自然表达	1. 是的; 2. 当然; 3. 我们会尽量满足您的要求
1. 表现认同; 2. 赞同客户观点,让客户放松,可赢得客户信任	1. 是的,现在油价确实涨不少,车辆使用费在增加; 2. 我完全理解您的想法
1. 提出问题; 2. 理清思路,确认细节以清楚了解客户想法和打算,获得客户信息	1. 您可以说的更详细一点吗? 2. 您主要想解决什么问题? 3. 您平常用车是长途多一些还是市内多一些? 4. 您对车辆配置有哪些想法

续上表

主动倾听的做法	语言范例
1. 理清问题； 2. 抓住对方主要观点，确认你对客户了解是否正确	1. 您是想了解这款车的安全性能，对吗？ 2. 您是想买一辆××~××万元汽车，对吗？ 3. 您平常车辆用途主要是……，对吗
1. 总结内容； 2. 总结客户谈话重点，确认你和客户已取得共识	1. 您目前对要买的车辆主要需求是…… 2. 您目前主要想了解的是…… 3. 您的购车计划是……
非语言沟通	1. 点头示意；保持微笑；目光接触； 2. 专注自然的面部表情

①通过与客户沟通，了解3种需求对于客户重要程度，假设服务顾问与客户沟通后得知，客户比较看重维护结算费用和保修这两项需求。服务顾问便可以按照客户重要性需求依次递减顺序对客户需求进行比较、排序，得出最后分析结果。

②根据售后服务网点现行规定及服务顾问可受理的权限范围，判断汽车售后服务网点实现客户需求的难易程度，按需求合理性依次递减顺序，将客户需求比较、排序，得出最后分析结果。

（2）第二步，初步判断客户需求状态。

（3）第三步，填写倾听技巧评价表。

按客户需求强度、重要性、合理性对客户需求进行比较、排序、分析后，将结果填写在倾听技巧评价表中(表6-2)。

倾听技巧评价表　　　　　表6-2

	评价准则		是	否	回馈意见
六项要点	态度专注	以姿势表示你专心倾听客户谈话			
		让客户放轻松			
		让客户自然地表达			
	表现认同	站在对方角度去理解对方，赢得客户信任			
	适度提问	确认细节			
		清楚地了解客户信息理解是否正确			
	清理问题	确认你对客户信息理解是否正确			
	总结内容	总结客户谈话重点			
		确认你和客户达成共识			
	非语言沟通	点头示意			
		目光接触			
		专注自然的面部表情			
		肢体语言			
整体评论：					

三 学习拓展：让渡价值理论

客户价值是由于供应商以一定的方式为客户带来的利益，即指客户通过购买商品所得到的收益和客户花费的代价（购买成本和购后成本）的差额。企业对客户价值的考察可以从潜在客户价值、知觉价值、实际实现的客户价值等层面进行（图6-6、图6-7）。

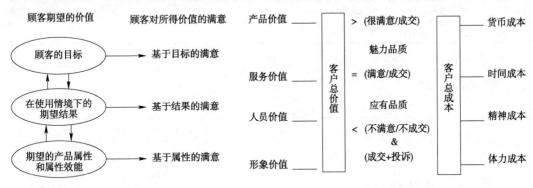

图6-6 顾客价值的层次模型　　　　　图6-7 让渡价值理论

四 评价与反馈

❶ 自我评价

(1)通过本任务的学习你是否已经知道以下问题：

①是否会初步判断客户需求状态？

②是否能灵活运用客户需求应对技巧？

(2)是否正确掌握汽车销售企业客户需求分析处理环节中的倾听技巧？

(3)实训过程完成情况如何？

(4)通过本任务的学习，你认为自己的知识和技能还有哪些欠缺？

签名：_____　　_____年___月___日

❷ 小组评价

小组评价见表6-3。

小组评价表　　　　　　　　　　　　　　表6-3

序号	评价项目	评价情况
1	是否掌握应对不同客户需求的方式	
2	是否能合理规范地初步判断客户需求状态	

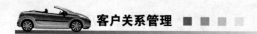

续上表

序号	评价项目	评价情况
3	是否能按照客户需求强度、重要性、合理性对客户需求进行分析,结果填写在倾听技巧评价表中	
4	是否遵守学习、实训场地的规章制度	
5	是否能保持学习、实训场地整洁	
6	客户需求应对技巧情况	

参与评价的同学签名：_____　　_____年___月___日

3 教师评价

_____
_____。

签名：_____　　_____年___月___日

五 技能考核标准

技能考核标准见表6-4。

技能考核标准表　　　　　　　　　　　　　　　　　　　　　表6-4

序号	项目	操作内容	规定分	评分标准	得分
1	准备工作	准备倾听技巧评价表一份,并做好详实记录	10	提前准备倾听技巧评价表；填写细致、规范；不符合标准酌情扣分	
2	客户需求要点分析	主动倾听,找出客户需求的六个要点	20	客户需求分析方法使用得当；不符合标准酌情扣分	
3	应对不同客户需求的方式	客户想要一本型录时,客户希望看车,但不知道对哪种车真正有兴趣时,客户希望看看某一档次的车型时,客户希望商谈某一具体车型价格时	30	客户需求分析话术技巧使用得当；不符合标准酌情扣分	
4	倾听技巧评价	按客户需求强度、重要性、合理性对客户需求进行比较、排序、分析后,结果填写在倾听技巧评价表中	30	灵活应用倾听技巧评价表进行客户需求分析案例演练与分析,操作步骤清晰；不符合标准酌情扣分	
5	让渡价值理论	从潜在客户价值、知觉价值、实际实现的客户价值等层面进行价值分析	10	客户总价值、总成本分析得当；不符合标准酌情扣分	
	总分		100		

学习任务7　客户级别判定与跟踪

 学习目标

★ **知识目标**
1. 正确认识客户购买周期；
2. 明确汽车销售企业客户分类及定级。

★ **技能目标**
1. 掌握汽车销售企业客户分类方法；
2. 通过灵活应用期望值"四象限法"进行客户级别判定与跟踪案例演练与分析。

建议课时

2课时。

 任务描述

客服专员刘颖在师傅李杨的指点下，开始学习客户级别判定技巧与各类客户跟进措施。

一　理论知识准备

（一）客户分类

1 客户购买周期

精准营销的客户关系管理（CRM）体系强调企业对与客户之间的"关系"的管理，而不是客户基础信息的管理。关心客户"关系"存在的生命周期，包括了客户理解、客户分类、客户定制、客户交流、客户获取、客户保留等贯穿于客户的整个生命周期。我们要对客户进行分类，先要从客户角度分析客户的购买周期（图7-1）及心理变化，然后才能准确判断客户处于哪个心理阶

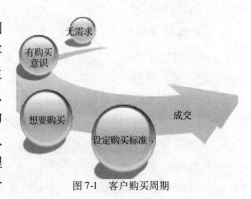

图7-1　客户购买周期

段,进而根据客户对车辆需求急迫程度进行分类。客户在各个购买阶段的转变过程可以归纳为四个阶段,先产生注意,通过查阅产品资料、电话与经销商接触,然后通过分析产品给客户带来益处而产生兴趣,再经过销售顾问的产品介绍、试乘试驾而产生购买愿望,最后经过协商,达成购买行为(图7-2)。

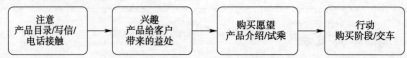

图7-2　客户的转变过程

2 客户的分类及定义

在不同的购买阶段,可以将客户分为潜在客户、保有客户和战败客户三类。

(1)潜在客户:有联系信息,且存在购车意向的客户。

(2)保有客户:通过汽车经销服务企业达成成功销售的客户,这里可以包括本企业直销的保有客户、本品牌他销的保有客户。

(3)战败客户:留下购车信息,经过一定程度的沟通之后,没有购买本品牌汽车产品,转而购买了其他品牌汽车产品的客户。

潜在客户的来源有很多种,如图7-3所示。

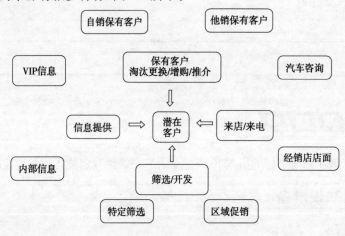

图7-3　潜在客户来源

(二)客户分级

1 客户分级

前面总结了构成销售的三个要素,即:信心、需求、购买力。三个要素同时具备时,才能完成销售。根据三个要素可以进行潜在客户的分级:

O级潜在客户:订单客户;

H级潜在客户:信心+需求+购买力;

A级潜在客户:信心+需求+购买力;

B级潜在客户:需求+购买力;

C级潜在客户:信心+购买力。

其中 H 级和 A 级客户又是根据计划购买的时间进行分类,H 级的潜在客户相比 A 级潜在客户希望更快的拥有汽车产品。除这五个级别的客户以外,具有购买能力、准备购买但尚未接触你的企业所经营的品牌的客户都将是你潜在客户。

❷ 客户级别的判定与跟踪

客户级别的判定的依据:从时间判断,可以根据客户首次留下可联系信息到下订单的时间段以及从跟踪回访的时间起到客户下订单的时间段的长短进行判断;从现象判断,按照地区法规、生活习惯并结合时间段来判断;从销售顾问在客户接待中需求分析的深层次分析来判断(表 7-1)。

客户级别的判定与跟踪　　　　　　　　　　表 7-1

级　别	确定判别基准	购买周期	客户跟踪频率
O 级(订单)	购买合同已签 全款已交但未提车 已收订金	预收订金	至少每周一次维系访问
H 级	车型、车色、型号已选定 已提供付款方式及交车日期 分期手续进行中 二手车置换进行处理中	7 日内成交	至少每两日一次维系访问
A 级	车型、车色、型号已选定 商谈付款方式及交车日期 商谈分期付款手续 要求协助处理旧车	7～15 日以内成交	至少每四日一次维系访问
B 级	已谈判购车条件 购车时间已确定 选定下次商谈日期 再次来看展示车辆 要求协助处理旧车	15 日～1 个月内成交	至少每周一次维系访问
C 级	购车时间模糊 要求协助处理旧车	1 个月以上时间成交	至少每半月一次维系访问

❸ 各类客户跟进措施

客户发展阶段依时间顺序一般是:潜在客户、新客户、满意的客户、留住的客户、老客户(忠诚客户)。据统计,开发一个新客户的成本是留住一个老客户所花费成本的 5 倍,而二成的重要客户可能带来企业八成的收益,即帕累托法则,也称"二八定律"。所以留住老客户比开发新客户更为经济有效。过去是将精力集中在寻找新客户上,而忽略了现有的老客户身上蕴涵的巨大商机。企业应该学会判断最有价值的客户,尽力想办法奖励这些客户,发现这些客户的需要并满足他们,从而提高为客户服务水平,达到留住客户的目的。

根据不同的客户,汽车销售顾问必须采用以下不同的跟进措施(表 7-2)。

汽车销售顾问必须采用的跟进措施　　　　　　　　表7-2

描述	目标对象	工作内容
相关服务手续	已成交客户	车款作业 领牌作业 保险作业 配件作业 交车作业
销售促进措施	H、A、B级潜在客户	强化商品信息 购买抗拒处理 疑问的答疑 促进成交 购车流程说明 购车需求分析
客户维护	VIP 保有客户 战败客户	提供相关产品 提供相关活动咨询 维护客户关系 宣传售后服务
客户开发	C级潜在客户	帮助树立品牌信心 介绍汽车产品卖点 销售顾问自我介绍 搜集整理客户资料 对有望购车者,商定下次来访时间

(三)按客户在购买现场的情感反应分类

❶ 沉着型客户

沉着型购买行为的客户,神经反应过程平静但灵活性低,反应缓慢但比较沉着,环境变化刺激对他们影响不大。沉着型购买行为的指客户在购买活动中沉默寡言,情感不外露,举动不明显,购买态度持重,不愿多谈与购买对象无关的话题,也不爱开玩笑。

❷ 温顺型客户

温顺型购买行为的客户,神经反应过程比较脆弱,不能忍受神经紧张,对外界刺激内心体验持久,很少外露。温顺型购买行为的客户,在作出购买决定时独立意识较差,比较依赖别人的介绍,检查汽车品质时很少挑剔,但非常重视服务态度和服务质量。

❸ 健谈型客户

健谈型购买行为的客户,神经反应过程平静且灵活性高,环境适应能力很强,性格活泼、情感易变、兴趣广泛、十分健谈。健谈型购买行为的客户在购买商品时,能很快地与销售人员接近,爱开玩笑,富有幽默感,谈话范围很广,有时甚至忘记购买活动的主题。对这类客户,销售人员必须认真聆听,需要及时建议并进入购买程序。

❹ 反感型客户

反感型客户具有高度的情绪易感性,对外界变化比较敏感,性情怪僻,多愁善感。这类客户在购买过程中,对销售人员的介绍异常警觉,抱有怀疑态度,对别人插嘴非常反感。对这类客户讲话态度必须热情,话语必须富有逻辑。

❺ 激动型客户

激动型客户兴奋过程强烈而抑制过程较弱,情绪易于激动,比较急躁的表现。激动型客户,在选购商品时傲气十足,对商品质量和服务要求极高,稍有不合意就会与销售人员发生争吵。对这类客户销售人员要有必要的耐心。

二 任务实施

❶ 准备工作

准备咨询笔记本1本。

❷ 技术要求与注意事项

1)技术要求

(1)分组:客户组、销售顾问组;

(2)要求:互相扮演客户及销售顾问,客户叙述购买车辆需求,销售顾问注意倾听,准确运用学习过的原理,使用恰当的技巧和话术,帮助客户挑选到最满意的爱车;

(3)点评:互相点评,老师点评。

2)客户需求分析注意事项

我们在进行客户需求分析过程中需注意以下事项:

(1)汽车销售成败决胜于客户需求分析,在分析过程中要注意善于通过沟通、引导、倾听、提问方式让客户将自己真正需求表达出来。

(2)客户往往希望销售顾问能根据他的需求,提供有针对性服务及产品说明,为客户推荐、介绍合适的产品,并帮助客户做出最合适的选择。

(3)让客户在"被尊重"的感觉下,主动表达自身需求,并不断强化客户需求,产生马上解决这个需求的意识,而最好的解决方案就是帮助他选择合适的汽车产品。

❸ 操作步骤

(1)第一步,主动倾听,找出客户对商品基本功能的需要,即对商品的有用性和能满足人们需要的物质属性。

(2)第二步,初步判断客户对商品安全性能的需要即商品的安全指标要达到规定标准(表7-3),不隐含任何不安全因素,以避免危及生命安全的意外事故。

行车制动和应急制动性能要求 表7-3

车辆类型		行 车 制 动					应 急 制 动			
		制动初车速(km/h)	制动距离(m)	FMDD(m/s^2)	试车道宽度(m)	踏板力(N)	制动初车速(km/h)	制动距离(m)	FMDD(m/s^2)	操纵力(N)(≤)
座位数不大于9的客车	满载	50	≤20	≥5.9	2.5	≤500	50	≤38	≥2.9	手400 脚500
	空载		≤19	≥6.2		≤400				

续上表

车辆类型		行车制动					应急制动			
		制动初车速(km/h)	制动距离(m)	FMDD(m/s^2)	试车道宽度(m)	踏板力(N)	制动初车速(km/h)	制动距离(m)	FMDD(m/s^2)	操纵力(N)(≤)
总质量≤4.5t的汽车	满载	50	≤22	≥5.4	2.5	≤700	30	≤18	≥2.6	手600 脚700
	空载		≤21	≥5.8		≤450				
其他汽车、汽车列车	满载	30	≤10	≥5.0	3.0	≤700	30	≤20	≥2.2	手600 脚700
	空载		≤9	≥5.4		≤450				

(3)第三步,随着客户平均年龄的日益降低,年轻人已经成为汽车消费的主力。他们追赶时尚与流行,青睐色彩与造型,对汽车的美感情有独钟,满足汽车包括整车风格、工艺设计、造型、色彩、装潢等方面审美性的需要。

评价汽车的艺术性主要表现(图7-4)为:

①汽车的外观特征——汽车的造型、油漆、天窗、外饰特征;

②汽车的色彩——汽车造型线条的反光效果和色彩的心理感觉,包括:色彩的冷暖感、进退感、象征感。一般来讲,高级轿车的主色调应取明度较低的稳重的色彩;中级以下轿车的主色调应取明度较高的明快活跃的色彩。各种颜色都有自己的特点和适宜车型。

(4)第四步,分析包括时间便利、距离便利、操作便利、携带便利、维修便利、手续便利等方面的汽车便利性的需要。

(5)第五步,对汽车相关知识需要的分析(图7-5)。互联网时代客户获取知识渠道和范围扩大,他们有能力通过对产品知识的了解,分析判断产品的优劣,在强调产品体验外,他们更重视与产品特征以及自身利益紧密相关的各种知识。

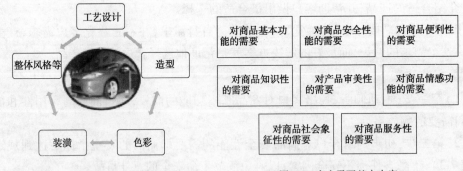

图7-4 汽车的艺术性表现   图7-5 客户需要基本内容

(6)第六步,对汽车情感功能的需要是指客户要求商品能够体现个人的情绪状态,通过购买和使用能够获得情感的补偿、追求和寄托。

(7)第七步,分析汽车社会象征性的需要是指要求汽车体现和象征一定的社会意义,使购买和使用该商品的客户能够显示出自身的某些社会特性,如身份、地位、财富、尊严等,从而获得心理上的满足。

(8)第八步,考虑汽车售后服务性的需要,汽车商品的使用周期很长。在汽车使用过程中,需要汽车厂商提供一系列热情的、负责的、及时的、全面的、有质量保证的相关服务。

按客户需求强度、合理性对客户需求进行比较、排序、分析后,结果填写在客户需求评价表中(表7-4)。

客户需求评价表   表 7-4

	评 价 准 则		是	否	回馈意见
六项要点	态度专注	以姿态表示你专心倾听客户谈话			
		让客户放轻松			
		让客户自然地表达			
	表现认同	赢得客户信任			
	提出问题	确认细节			
		清楚地了解客户信息理解是否正确			
	清理问题	确认你对客户信息理解是否正确			
	总结内容	总结客户谈话重点			
		确认你和客户达成共识			
	非语言沟通	点头示意			
		目光接触			
		专注自然的面部表情			

整体评论:

三 学习拓展:大客户销售

(1)大客户销售就是指通常意义上的大订单销售和特殊渠道的大宗购买,即团购。

(2)汽车大客户与小客户销售的不同之处见表7-5。

汽车大客户与小客户销售的不同之处   表 7-5

大客户(VIP 客户)	小 客 户
往往需长达数日或数月的拜访	一次拜访成交
最重要的讨论或评估是在数次拜访后,销售人员往往不在场	买方决定时,销售人员大多在现场
非个人需求,较理性	个人需求,较感性
长期关系,遵循关系准则	一次的关系
客户犯错风险大	客户犯错风险小
往往需要面对专业采购人员	客户不一定为专业人员

(3)大客户(VIP客户)采购过程的八个阶段,如图7-6所示。客户重要性占比如图7-7所示。

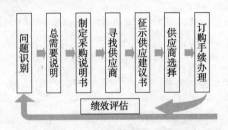

图 7-6　大客户(VIP客户)采购过程的八个阶段

图 7-7　客户重要性占比

四　评价与反馈

1 自我评价

(1)通过本任务的学习你是否已经知道以下问题：

①是否能正确分析汽车社会象征性的需要,使购买和使用该商品的客户能够显示出自身的某些社会特性,如身份、地位、财富、尊严等,从而获得心理上的满足？

_____。

②是否能初步判断客户对商品安全性能的需要即商品的安全指标要达到规定标准,不隐含任何不安全因素,以避免危及生命安全的意外事故？

_____。

(2)是否能帮助客户找最能满足客户需要的、最实用的产品？

_____。

(3)实训过程完成情况如何？

_____。

(4)通过本任务的学习,你认为自己的知识和技能还有哪些欠缺？

_____。

签名：_____　　　　_____年____月____日

2 小组评价

小组评价见表 7-6。

小组评价表　　　　　　　　　表 7-6

序号	评价项目	评价情况
1	是否能按照客户级别判定与跟踪的流程操作	
2	是否能考虑客户汽车社会象征性的需要	
3	是否能合理评价汽车的艺术性	
4	是否满足汽车包括整车风格、工艺设计、造型、色彩、装潢等方面审美性的需要	
5	是否能考虑汽车售后服务性的需要	
6	团结协作情况	

参与评价的同学签名：_____　　　_____年____月____日

❸ 教师评价

_____
_____。

签名：_____   _____年____月____日

五 技能考核标准

技能考核标准见表 7-7。

技能考核标准表　　　　　　　　　　　　　　　　　　　　　表 7-7

序号	项目	操作内容	规定分	评分标准	得分
1	准备工作	准备咨询笔记本 1 本，客户需求评价表 1 份并做好详实记录	10	提前准备咨询笔记本 1 本，客户需求评价表 1 份，填写细致、规范；不符合标准酌情扣分	
2	客户级别判定与跟踪	按照客户级别判定与跟踪的流程操作	20	步骤清晰，思路明确；不符合标准酌情扣分	
3	客户需要基本内容	主动倾听，找出客户对汽车基本功能的需要	10	汽车实用性、便利性分析方法使用得当；不符合标准酌情扣分	
4	客户安全性能的需要	初步判断客户对商品安全性能的需要，不隐含任何不安全因素，避免危及生命安全的意外事故	10	了解汽车各项安全性能指标，汽车安全指标要达到规定标准；不符合标准酌情扣分	
5	客户审美性的需要分析	满足汽车包括整车风格、工艺设计、造型、色彩、装潢等方面审美性的需要	20	客户审美性分析方法使用得当；不符合标准酌情扣分	
6	客户需求评价引导	按客户需求强度、合理性对客户需求进行比较、排序、分析后，将结果填写在客户需求评价表中	20	规范填写客户需求评价表；不符合标准酌情扣分	
7	大客户采购(团购)流程	了解大客户采购过程的八个阶段	10	了解汽车大客户与小客户销售的不同之处；不符合标准酌情扣分	
	总分		100		

项目三　客户开发管理

学习任务 8　模拟制订客户开发方案

  学习目标

★ 知识目标
1. 正确认识客户开发与管理；
2. 了解汽车企业客户开发策略。

★ 技能目标
1. 掌握汽车企业客户开发策略；
2. 通过灵活应用客户开发与管理漏斗原理进行客户开发。

 建议课时

2课时。

 任务描述

保罗和他的一位财务经理,驾车到一家排在《财富》杂志 200 强以内的客户那里。他们到达后,接待的那位先生告诉他们,公司对现在的供应商很满意,所以根本不可能和他们建立业务关系。

一　理论知识准备

（一）客户开发与管理定义

1　客户开发

客户开发工作是销售工作的第一步,通常来讲是业务人员通过市场扫街调查初步了解市场和客户情况,对有实力和有意向的客户重点沟通,最终完成目标区域的客户开发计划。但以上只是一个企业客户开发工作的冰山一角,要成功做好企业的客户开发工作,企业需要从企业自身资源情况出发,了解竞争对手在客户开发方面的一些做法,制订适合企业的客户开发战略,再落实到一线销售人员客户开发执行,是一个系统工程。

❷ 客户管理

所谓客户管理是指企业利用相应的信息技术以及互联网技术来协调企业与客户间在销售、营销和服务上的交互,从而提升其管理方式,向客户提供创新式的个性化的客户交互和服务的过程。其最终目标是吸引新客户、保留老客户以及将已有客户转为忠实客户。

(二)数据库营销策略开发

❶ 数据库营销

数据库营销就是企业通过收集和积累会员(用户或客户)信息,经过分析筛选后针对性的使用电子邮件、短信、电话、信件等方式进行客户深度挖掘与关系维护的营销方式。或者说,数据库营销就是以与客户建立一对一的互动沟通关系为目标,并依赖庞大的客户信息库进行长期促销活动的一种全新的销售手段。

❷ 营销优势

数据库营销在欧美已经得到了广泛的应用,在中国大陆地区,也已经开始呈现"星星之火,可以燎原"之势头,包括 DM(Direct Mail,定向直邮)、EDM(Email DM,电子邮件营销)、E-Fax(网络传真营销)和 SMS(Short Message Server,短消息服务)等在内的多种形式的数据库营销手段,得到了越来越多的中国企业的青睐。其中 EDM 由于其投资低回报率高被国内外企业广泛应用,部分得到初步发展的企业已开始自建 EDMSYS 平台,而第三方的营销平台也在蓬勃发展。另外回头客忠诚度营销系统将电子优惠券、RFM 数据营销也加入到这些传统的数据营销中,大大提高营销的功能性。可以说,数据库营销迎来了一个黄金发展时期。

之所以越来越多的企业开始选择数据库营销,这与它相对传统营销所具有的独特优势是密不可分的。

❸ 主要作用

简单归纳起来,营销数据库具有以下作用:

(1)选择和编辑客户数据。收集、整理客户的数据资料,构建客户数据库。收集客户的数据应包括客户个人资料、交易记录等信息。

(2)选择适当的客户。有针对性地进行沟通,提高反馈率,增加销量,从而降低营销成本。

(3)为使用营销数据库的公司提供这些客户的状况,应用于邮件、电话、销售、服务、客户忠诚计划和其他方法。

(4)反击竞争者的武器。数据库可以反映出与竞争者有联系的客户特征,进而分析竞争者的优劣势,改进营销策略,提供比竞争者更好的产品和服务,增进与客户的关系。

(5)及时的营销效果反馈,可以分析市场活动的短期和长期效果,并提出改进方法。

4 营销特点

（1）提供直接可控的、个性化服务；

（2）竞争隐蔽化；

（3）沟通渠道多样化；

（4）成本最小化，效果最大化；

（5）科技含量高；

（6）可变数字整合营销思路。

（三）寻找新客户策略

（1）寻找新客户从市场扫街开始。

（2）利用现有渠道拜访新客户，实现资源共享借船出海。

（3）先对市场目标客户定位，再进行客户开发。

（4）开发沉淀客户，实现客户资源再利用。

（5）利用朋友提供的客户资源，拉近新客户与你的距离。

（6）利用互联网搜索目标客户。

二 任务实施

1 准备工作

（1）寻找客户源。

通过电视、报纸、电话簿、网络、朋友、老客户等途径获取客户源。

（2）锁定目标客户。

根据掌握的信息，针对目标客户进行需求分析。

2 技术要求

将搜集到的客户资料进行整理，建立客户信息数据库，根据数据库细分客户需求。

3 操作步骤

（1）第一步，明确题材。

①对潜在客户进行分类：根据公司经营方向和发展重点，将公司的准客户按产品类别性质内容等进行分类；

②收集客户背景资料并分析；

③费用、销售预测分析；

④客户购买影响因素分析；

⑤对客户支持分析；

⑥客户价值分析。

（2）第二步，把握见面时间。

不少销售人员的失败不在于主观不努力，而是由于选择约见的时间欠佳。要掌握最佳的时机，一方面要广泛收集客户信息资料，做到知己知彼。另一方面要培养自己的职业敏感,择善而行。

下面几种情况可能是销售人员最好的拜访客户的时间。

①客户刚开张营业,正需要产品或服务的时候。

②客户遇到喜事的时候。如晋升提拔、获得某种奖励等。

③客户刚领到工资或增加工资级别,心情愉快的时候。

④节日、假日之际,或者碰上对方厂庆纪念、大楼奠基、工程竣工之际。

⑤客户遇到暂时困难急需帮助的时候。

⑥客户对原先的产品有意见,对你的竞争对手最不满意的时候。

⑦下雨、下雪的时候。通常情况下,人们不愿风雨、严暑、下雪的时候前往拜访,但许多经验表明,这些场合正是销售人员上门访问的绝好时机,因为在这样的环境下去推销往往会显示诚意。

(3)第三步,见面沟通技巧。

①营造良好气氛。

营造一个良好的氛围,这点非常重要。任何客户只有在心情好、氛围好的情况下,才有可能产生购买的欲望。很多销售员见到客户以后,经常会不由自主地说一些使气氛变得沉闷的话题。例如:"哎呀!你看天气太热了,满身大汗"——这样的话题尽可能地少说,尽量说一些轻松愉快的话题。

案例

小李是一位以轻松、幽默见长的销售员。一次在去见客户的途中,天下起雨来,小李被淋了个落汤鸡。于是他想改变拜访日期,但想到约见这个客户十分不易,最后他还是准时来到了客户的写字楼。见到客户后,小李的第一句话就是"今天真凉快啊"!刹那间气氛变得轻松愉快了许多。

②显示积极的态度。

面对客户,要显示出一个销售员的积极的态度。实际上,客户愿意与一个积极的销售员做交易,而不愿意和一个消极的人沟通。因此,销售员一定要表现出积极的态度。

③抓住客户的兴趣和注意力。

一定要抓住客户的兴趣和注意力!尤其是竞争日益激烈的今天,每一位客户都非常繁忙,一旦对你的话题没有兴趣,他就会对谈话的内容及销售员本人产生极大的反感,所以一定要时刻观察客户的注意力和兴趣。你可以看着客户的眼神,当他的眼神飘忽不定的时候,说明他对你的话题已经产生了一定的抵触情绪或者失去了兴趣,那么你就要找出新的、可以调动他兴趣的话题。

④进行对话性质的拜访。

设法使每一次与客户之间的拜访都是一种对话性质,其目的是要让客户多说。很多销售员见到客户以后就不厌其烦地说,在他描述产品之后客户却总结了两个字"不要",

这是非常不专业的表现。如果客户不说话,怎么办呢？可以用提问的方法引导客户去说,使之成为对话性质的拜访。

⑤主动控制谈话的方向。

作为一个销售员,在和客户交谈的时候,一定要主动控制谈话的方向。因为拜访客户是销售员的工作,必须精心控制谈话的方向,使谈话朝着对销售有利的方向发展。千万不要让客户左右谈话的方向,无意间把话题带入一个对销售很不利的方向。如果谈话时客户引导你转入"公司控制费用"、"公司正在裁员"等话题,就对你的销售非常不利,因此要时刻控制谈话的方向。

⑥保持相同的谈话方式。

见面沟通过程中,需要注意的是要时时刻刻保持相同的谈话方式。这样会让客户感到非常的舒服,愿意多说话,销售员本人也会感觉到舒服。比如说语速,有的客户说话快,有的则慢一些,那么销售员就要从语速上保持和客户相同,这样客户听起来会感到舒服。我们可能都有过这样的经历:与一位说话速度非常慢的人对话时,感觉很苦恼而且不舒服,从而失去耐心,想尽快结束这场谈话。因此,要保持和客户相同的谈话速度,同时也要注意客户音量的大小,同客户的音量要尽可能相当,这样会更加有利于沟通。

⑦有礼貌。

礼貌赢得客户的好感,进而把这种好感转变成对你的信任。作为销售员,要把礼貌体现在实际行动中,化成客户能够看到的行为。例如拜访客户后,在起立辞别时,应该把客户的椅子放回原地。这样一个简单的行为就能让客户建立起对你的好感。所以说,在任何时候都要注意类似的行为。

⑧表现专业性。

一举一动都要表现出你的专业性。这种专业性来自你的微笑,来自你的握手。就像沃尔玛的每一个员工最好的微笑是要露出八颗牙齿一样,专业的表现也是赢得信任的一个重要因素。

(4)第四步,学会目标管理。

①目标客户的选择。

目标客户的选择主要侧重于以下几种。

a.老客户:与公司合作过多次,对公司有较强的忠诚度;或与公司所签合同履行较好,近期联系不多且信誉度较高的客户;

b.大客户:客户规模较大(属集团发展模式),与公司签订过合同,且有长期持续使用公司技术和产品的潜在客户;

c.有较大影响力的客户:在业内有较大影响力或对其同行业选择产品有较大影响作用的;虽未与公司签订合同,但根据分析未来潜力巨大,企业发展正处于上升期的有潜力的客户。

②目标客户的管理。

各单元应定期制订目标客户回访计划,回访形式为约谈或电话沟通,并以电子邮件形式发至目标客户管理办公室,定期对目标客户进行回访,回访客户只要在目标客户范围之内,可向客户赠送公司的礼品。片区总经理每月以电子邮件形式做一次目标客户回访工作汇报。目标客户管理办公室根据片区经理的月度汇报进行检查和回访。

加强目标客户管理,加强双方的沟通,密切双方的关系,定期回访、了解客户动向,每逢重大节日如:春节、元旦、五一劳动节等,对客户进行沟通。公司通过短信系统,以公司名义向目标客户信息登记表上的客户发送祝福、问候短信。

与客户沟通级别的设定。公司总经理每年要与10%的最重要的目标客户进行沟通;公司副总经理每半年要与30%的较重要的目标客户进行沟通;片区总经理每季要与本区域70%的目标客户进行沟通。业务员每月要与本人负责的目标客户沟通。

三 学习拓展:客户开发与管理漏斗原理之间存在一定的关系

(一)客户开发与管理漏斗

漏斗原理如图8-1所示。

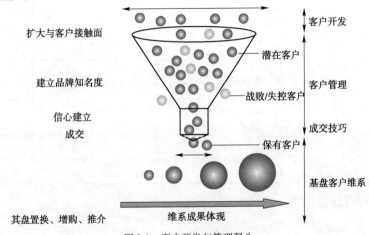

图8-1　客户开发与管理漏斗

(二)利用销售漏斗进行客户管理

❶ 建立自己的销售管理模型

销售管理模型包括《意向客户里程碑及相关数据》(表8-1)、《意向客户档案》(表8-2)。

意向客户里程碑及相关数据　　　　表8-1

方面	类别	成单率30% E类	成单率50% D类	成单率70% C类	成单率90% B类
销售方面	预算及价格	做预算并初次报价	正式报价	了解真实预算或低价,形成最终报价	讨价还价
	关系树清理	上门拜访了相关负责人	单独约见负责人并成为我们的同盟,找到客户决策人	公司领导约见客户决策人	决策人认可并信任我公司
	里程碑	确定有需求、有预算	确定完成时间	确定签约时间	准备签约
	需要的了解	初步了解需要	需求讨论引导	共同确定最终需要	

续上表

方面	类别	成单率30% E类	成单率50% D类	成单率70% C类	成单率90% B类
其他方面	对手情况	了解竞争对手情况	清晰竞争对手	清晰对手合作关系树，了解对手可能报价	了解客户公关，并了解客户报价

意向客户档案　　　　　　　　　　　　　　　　　表8-2

序号	建档日期	客户编号	客户名称	负责人	职务	决策人	职务	成交概率

❷ 如何进行过程控制

采用漏斗控制原理（图8-2）进行管理。

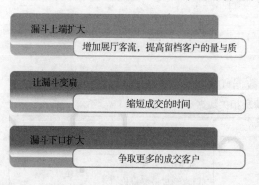

图8-2　漏斗控制原理

制订标准化工作流程建立自己的销售管理模型。

① 采用周例会的方式每周六上午，利用1小时左右的时间汇报本周的工作。

② 汇报内容主要是本周新增意向客户情况以及老意向客户的推进情况，在此过程中，办事处经理对新增意向客户和客户推进进度进行定性，业务员无权自行定义。对于"漏斗"之外的工作情况也要进行描述。

③ 下周的工作计划要进行详细讨论，办事处经理给出点评及指点意见。

❸ 制订标准化工作流程。

① 标准的季度总结及计划模板。

②标准的月度总结及计划模板。
③标准的周工作总结及计划模板。

四 评价与反馈

1 自我评价

(1)通过本任务的学习你是否已经知道以下问题：
①是否会用"漏斗原理"进行客户开发？
_____

②是否能自行制订客户开发方案？
_____

(2)是否正确掌握汽车销售企业客户开发技巧？
_____

(3)实训过程完成情况如何？
_____

(4)通过本任务的学习,你认为自己的知识和技能还有哪些欠缺？
_____

签名：_____　　　____年___月___日

2 小组评价

小组评价见表8-3。

小组评价表　　　　　　　　　　　　　　表 8-3

序号	评 价 项 目	评价情况
1	能够自始至终保持自信的笑容,并音量适中	
2	善于选择客户心情愉悦、精力充沛的谈话时机	
3	已经准备好了详细资料和数据以佐证你的方案	
4	对客户将会提出的问题胸有成竹	
5	语言简明扼要、重点突出	
6	和客户交谈时亲切友善、能充分尊重客户的权威	

参与评价的同学签名：_____　　　____年___月___日

3 教师评价

_____

签名：_____　　　____年___月___日

五 技能考核标准

技能考核标准见表8-4。

技能考核标准表 表8-4

序号	项目	操作内容	规定分	评分标准	得分
1	目标客户分析	做好目标客户分析	10	目标客户分析要恰当；不符合标准酌情扣分	
2	公司自身条件分析	做好公司自身条件分析	20	公司自身条件分析要到位；不符合标准酌情扣分	
3	客户开发途径	选定客户开发途径	30	客户开发途径要使用得当；不符合标准的酌情扣分	
4	客户开发的方法	选定客户开发的方法并实施	30	客户开发的方法要有效；不符合标准的酌情扣分	
5	客户开发效果	审核客户开发效果	10	客户开发要有效果；不符合标准的酌情扣分	
		总分	100		

学习任务9　填制来电客户登记表和客户A-C卡登记表

学习目标

知识目标

1. 正确认识"三表一卡"填写的必要性；
2. 明确"三表一卡"填写的注意事项。

技能目标

1. 掌握意向客户分级标准；
2. 通过"三表一卡"的填写，准确把握意向客户的需求分析。

建议课时

4课时。

 任务描述

一个周末，一辆贴着"食品监督"字样的车骤然的停到了展厅门口，站在接待台的有经验的销售顾问马上前去迎接，从车上下来三名中年男子和一名30岁出头的女士，开车的男子帮副驾驶座位上的男子拿着包，并称呼其"王所长"，机灵的销售顾问喊道："欢迎各位领导莅临小店参观指导",一下子逗乐了众领导,驾驶员笑道:"好好好,参观参观,看看有没有7万以内的车,给介绍介绍"。

一 理论知识准备

(一)汽车行业潜在客户开发策略

❶ 一对一营销策略

一对一营销的执行和控制是一个相当复杂的机制,它不仅意味着每个面对客户的营销人员要时刻保持态度热情、反应灵敏,更主要也是最根本的是,它要求能识别、追踪、记录个体客户的个性化需求并与其保持长期的互动关系,最终能提供个体化的产品或服务。所以,一对一营销的核心是企业与客户建立起一种新型的服务关系,即通过与客户的一次次接触而不断增加对客户的了解。企业可以根据客户提出的要求以及对客户的了解,生产和提供完全符合单个客户特定需要的产品或服务。即使竞争者也进行一对一的关系营销,你的客户也不会轻易离开,因为他还要再花很多的时间和精力才能使你的竞争者对他有同样程度的了解。

❷ 整合营销策略

整合营销是一种对各种营销工具和手段的系统化结合,根据环境进行即时性的动态修正,以使交换双方在交互中实现价值增值的营销理念与方法。整合就是把各个独立地营销综合成一个整体,以产生协同效应。这些独立的营销工作包括广告、直接营销、销售促进、人员推销、包装、事件、赞助和客户服务等。战略性地审视整合营销体系、行业、产品及客户,从而制订出符合企业实际情况的整合营销策略。

(二)汽车企业潜在客户和意向客户(C/O/H/A/B级)客户信息管理

❶ 来店(电)客户登记表

(1)表格模板(表9-1)。
(2)填写说明。
①来店(电)客户的定义为第一次留下联系资料的客户。
②"拟购车型/车色"请填入客户最感兴趣的车型(型号及颜色)。
③"意向确度"为客户H、A、B、C的级别分类判定(表9-2)。
④"客户信息来源"为客户通过何种渠道而来店或来电话(例:平面媒体、DM、广播、电视、展示会、店头效益、网站、基盘客户等)。
⑤"结案情形"只需填写当日第一次来店即订车(成交)的客户,填入(订金或全款)。
⑥凡留下档案资料的客户皆需于24小时内再次回访确认意向确度。
⑦不留资料的客户亦须登录。只需填写"来店时间"、"离去时间"并于销售顾问栏位签认即可。
⑧来店(电)客户登记表每日依销售顾问值班排序共同使用。

客户关系管理

来店(电)客户登记表(模板)

表 9-1

展厅来电/店登记表

咨询类型	序号	日期	客户姓名	性别	电话	地址	进一离(时间)	拟购车型	来电(店)信息来源	宽向级别及购买周期	接待经过	追踪后级别	结案情形	接待人	备注
□来电 □来店	1														
□来电 □来店	2														
□来电 □来店	3														
□来电 □来店	4														
□来电 □来店	5														
□来电 □来店	6														
□来电 □来店	7														

前台客户接待: 　　　　　　　　　客服经理: 　　　　　　　　　展厅经理:

来店(电)信息来源:网络、电视、报纸杂志、广播、展会、亲友、路过、其他。

注:1. 所有必填信息和来电用户的电话号码(参见上表)由前台填写,其余信息由销售顾问填写;
2. 准确并尽可能全面地记录每一个到店、来电信息,如果有接待人员必须签字。
3. 如果信息不完整,也要留下记录,必须有接待人员签字。

意向客户分级表　　　　　　　　　　　　　　　　　　　　　　表9-2

级　别	购 买 周 期	跟踪频率(建议)
订单(O)	已预收订金客户	至少1次/周维系回访
H级	预计7日内成交客户	1次/1~2日
A级	预计7日~1个月成交客户	1次/周
B级	预计1~3个月内成交客户	1次/2周
C级	预计3~6个月内成交客户	1次/月

❷ **营业活动日报表**

(1)营业活动日报表表格模板,见表9-3。

营业活动日报表(模板)　　　　　　　　　　　　　　　　　　表9-3

序号	客户姓名	车型	电话	手续管理	促进		开拓	确度		电话拜访	访问经过
					上月留存	本月新生		原来	现在		
本日止意向客户数		本日止保有客户数		本日访问客户数			主管指示事项				
H级		自销		合计							
A级		他销		本月访问累计							
B级				合计							

　　　　　　　　　　　　　　　　　　　　　　　　　　　　　___年__月__日

注:意向客户分级为 O、H、A、B;收款-¥;交车-V;售后服务-S;新开拓-N;战败-X;访问未遇-φ。

(2)填写说明。

①每日下班前将当日的活动情形与前一天预定的本日活动状况作书面的汇报。

②"手续管理"为意向客户成交收款后,上牌、交车、售后跟踪维系的访问活动。

③"促进"为已编入意向客户管理中,B级以上客户,促其成交的访问活动。

④"上月留存/本月新生"是指促进的意向客户产生的时间段。

⑤"开拓"为第一次接触的客户访问。

⑥"确度原来/现在",原来是指访问前客户的状态,现在是指访问后客户状态。

⑦"电话拜访"是指向客户打电话的时间。

⑧"访问经过"可分为"确度降级、促进中、成交、战败、新增意向客户"。

⑨根据意向客户接触状况表注记部分,填写次日工作预定。

❸ **潜在客户进度管制表**

(1)表格模板见表9-4。

潜在客户进度管制表   表9-4

销售顾问:_____　　　　　　　_____年___月___日

序号	客户姓名	联系电话	客户来源	有望客级	客户卡编号	意向进度状况						结果
						车型		1	2	3	4	…
						保有	欲购					
1												
2												
3												
4												
5												
6												
7												
8												
9												
…												
填写说明	1.有望客级:填写A级(7天内有望成交)、B级(30天内有望成交)、C级(90天内可能成交)											
	2.意向进度状况:填写字母表示意向客户现状,具体为A、B、C(有望客级)、O(订车)、D(交车)、M(售后服务)											
	3.结果:填写符号表示进度结果,具体为"−"(购买结束,只在字母D后出现)、"√"(转入下月)、"×"(失控或战败)											
	4.客户来源:S−来店,T−来电,B−基盘,R−介绍,K−开发											

(2)意向客户分级判断标准见表9-5。

对于意向客户分级,可以遵循以下特征描述进行判断,其中具备每个级别所列5条标准中的3条者,即可判断属于该级别;另外,网点可根据既有销售经验进行辅助判断。

意向客户分级判断标准   表9-5

级别	判定标准
H级	1.已谈到交车细节及期限; 2.客户已确定车辆颜色; 3.客户主动告知具体竞争对手情况(车型、价格、比较); 4.主动咨询到车辆装饰、旧车处理、付款方式、上牌手续问题; 5.主动再次来电,再次来店
A级	1.与客户商谈超过1小时; 2.相谈甚欢甚至能开玩笑或主动叫出销售顾问的名字; 3.约好下次洽谈时间; 4.客户有明确的意向车型; 5.客户详细咨询车辆的参数、配置、功能
B级	1.已经知道客户的名字、地址、电话或得到客户的名片; 2.有谈及客户的公司情况或个人学历、背景等话题; 3.知道客户的兴趣、爱好; 4.了解客户对欲购车辆的基本要求; 5.提及目前用车的状况
C级	客户联系方式不完整,但必须有客户的姓氏

❹ 潜在客户信息卡:

客户信息卡模板(正面)见表9-6,客户信息卡(反面)见表9-7。

客户信息卡（正面）

表9-6　　顾客编号：□□□□□□

<table>
<tr><td rowspan="6">客户资料</td><td colspan="2">客户名称</td><td colspan="2"></td><td colspan="2">姓名</td><td></td><td colspan="2">担当销售顾问</td><td></td></tr>
<tr><td colspan="2">经营行业</td><td>代号</td><td>身份证或盈利事业统一编号</td><td></td><td>单位</td><td></td><td colspan="2" rowspan="2">接洽人或决定者</td><td></td></tr>
<tr><td colspan="2">领照地址</td><td>名称</td><td>个人职业或服务单位</td><td>出生年月日</td><td>电话</td><td></td><td></td></tr>
<tr><td colspan="2">通信地或服务地点</td><td></td><td>职位</td><td></td><td colspan="2">电话</td><td>客户来源</td><td>1　VIP　　2　基盘　　3　来店/电
4　内部情报　　5　开发　　6　展示会</td></tr>
<tr><td colspan="2">牌照号码</td><td>车型代号</td><td>出厂年月</td><td>车身</td><td colspan="2">电话</td><td colspan="2">音响</td><td></td></tr>
<tr><td colspan="2">会员是否
（有效日期）</td><td colspan="2">精品安装</td><td>领照日期
年　月　日</td><td colspan="2">售价</td><td colspan="2">钥匙密码</td><td></td></tr>
<tr><td rowspan="4">保有车辆</td><td colspan="2" rowspan="2">保险记录</td><td colspan="2" rowspan="2">区分
公司</td><td>区分
意</td><td colspan="2">贷款金额</td><td colspan="2">分期到期日
年　月　日</td><td rowspan="2">介绍人</td><td>姓名</td><td>年　月　日</td></tr>
<tr><td>年月</td><td colspan="2">期数</td><td colspan="2">年　月　日</td><td>电话</td><td>年　月　日</td></tr>
<tr><td colspan="2" rowspan="2">保养记录</td><td colspan="2" rowspan="2">5000</td><td>区分
全</td><td colspan="2">□主要（或实际）使用人口领照名义</td><td colspan="2" rowspan="2">与购车人关系</td><td rowspan="2"></td><td>关系</td><td>年　月　日</td></tr>
<tr><td>年月</td><td colspan="2">名称</td><td colspan="2">电话</td><td colspan="2"></td></tr>
<tr><td colspan="3">客户特征</td><td colspan="3">访问洽谈时间</td><td colspan="3">经济状况</td><td colspan="3"></td></tr>
<tr><td colspan="3"></td><td colspan="3">兴趣参加社团</td><td colspan="3">平均换车时间</td><td colspan="3">其他</td></tr>
<tr><td colspan="6">介绍记录</td><td colspan="3">件数</td><td colspan="3">成交件数</td></tr>
<tr><td colspan="2">备注</td><td colspan="10"></td></tr>
</table>

客户信息卡（反面）

表9-7

保有车辆交车领照后预定及访问记录	年	月别	1	2	3	4	5	6	7	8	9	10	11	12
		预定												
		实际												
	年	月别	1	2	3	4	5	6	7	8	9	10	11	12
		预定												
		实际												

下次预定 年/月	实际访问		有望确度	活动方式	访问经过	审核
	年 月	日				
				亲访□ 来店□ TEL□ DM□		
				亲访□ 来店□ TEL□ DM□		
				亲访□ 来店□ TEL□ DM□		
				亲访□ 来店□ TEL□ DM□		
				亲访□ 来店□ TEL□ DM□		

二 任务实施

❶ 准备工作

准备来店(电)客户登记表(表9-8)、营业活动日报表(表9-9)、潜在客户进度管制表(表9-10)、客户信息卡(表9-11、表9-12)各1份。

来店(电)客户登记表　　　　　　　　　　　　　　　　　　　　　　　表9-8

咨询类型	序号	日期	客户姓名	性别	电话	地址	进-离(时间)	拟购车型	来电(店)信息来源	宽向级别及购买周期	接待经过	追踪后级别	结案情形	接待人	备注
□来电 □来店	1														
□来电 □来店	2														
□来电 □来店	3														
□来电 □来店	4														
□来电 □来店	5														
□来电 □来店	6														
□来电 □来店	7														

前台客户接待：　　　　　　　　　　客服经理：　　　　　　　　展厅经理：

来店(电)信息来源：网络、电视、报纸杂志、广播、展会、亲友、路过、其他

营业活动日报表　　　　　　　　　　　　　　　　　　　　　　　　表9-9

序号	客户姓名	车型	电话	手续管理	促进		开拓	确度	电话拜访		访问经过
					主月留存	本月新生		原来	现在		
本日止意向客户数			本日止保有客户数		本日访问客户数			主管指示事项			
H级		自销		合计							
A级		他销		本月访问累计							
B级				合计							

　　　　　　　　　　　　　　　　　　　　　　　　　　　　　　　　　　___年___月_日

注：意向客户分级为O、H、A、B；收款-¥；交车-V；售后服务-S；新开拓-N；战败-X；访问未遇-φ。

潜在客户进度管制表

销售顾问： 表9-10

序号	客户姓名	联系电话	客户来源	有望客级	客户卡编号	车型		意向进度状况					结果
						保有	欲购	1	2	3	4	…	
1													
2													
3													
…													
填写说明	1.有望客级:填写A级(7天内有望成交)、B级(30天内有望成交)、C级(90天内可能成交)												
	2.意向进度状况:填写字母表示意向客户现状,具体为A、B、C(有望客级)、O(订车)、D(交车)、M(售后服务)												
	3.结果:填写符号表示进度结果,具体为"-"(购买结束,只在字母D后出现)、"√"(转入下月)、"×"(失控或战败)												
	4.客户来源:S-来店、T-来电、B-基盘、R-介绍、K-开发												

___年___月___日

2 技术要求

(1)分组:前台客户接待、客服经理、展厅经理;

(2)要求:按一对一营销策略进行演练,准确运用学习过的原理,使用恰当的技巧和话术;

(3)点评:互相点评,老师点评。

3 操作步骤

(1)第一步,客户接待。

①销售顾问应服装整洁,仪表得体,着公司统一制服,佩戴工号牌。

②准备好笔、记录本、名片,并将自己的资料夹中各资料准备齐全。如各银行分期贷款明细表、保费计算清单、配件报价单、上牌服务资料及流程等。

(2)第二步,填写来店(电)客户登记表。

按要求认真填写来店(电)客户登记表,准确并尽可能全面地记录每一个来店、来电信息,如信息不完整也要留有记录,必须有接待人员签字。

(3)第三步,填写潜在客户进度管制表。

(4)第四步,填写来店(电)客户信息卡。

(5)第五步,客户管理总结。结合客户管理总结(表9-13)中项目总结客户关系管理情况制定相关对策。

项目三　客户开发管理

表9-11

客户信息卡（正面）

顾客编号：

客户名称		身份证或盈利事业统一编号				
经营行业		个人职业或服务单位	名称			
			职位			
领照地址			出生年月日			
通信处或服务地点						

接洽人	姓名			
或决定者	单位			
	电话			

担当销售顾问		

客户来源	1 VIP	2 基盘	3 来店/电
	4 内部情报	5 开发	6 展示会

介绍人	姓名
	电话
	关系

音响钥匙密码：

	车型代号	出厂年月	车身代号	领照日期	分期到期日	售价	贷款		
保有车辆				年 月 日	年 月 日		金额	期数	
	牌照号码	会员是否 (有效日期)	精品安装	保险记录	保养记录				
				公司 年/月 区分 意	5000 年/月 区分 意				

客户特征		
访问洽谈时间		
经济状况		
兴趣参加社团		
平均换车时间		
其他		
□主要（或实际）使用人口领照名义	名称	
	电话	
与购车人关系		

介绍记录	件数	成交件数

备注

客户信息卡（反面）

表 9-12

保有车辆交车领照后预定及访问记录

	月别	1	2	3	4	5	6	7	8	9	10	11	12
年	预定												
	实际												
年	预定												
	实际												

下次预定 年月	实际访问			有望确度	活动方式	访问经过	审核
	年	月	日				
					亲访□来店□TEL□DM□		
					亲访□来店□TEL□DM□		
					亲访□来店□TEL□DM□		
					亲访□来店□TEL□DM□		
					亲访□来店□TEL□DM□		
					亲访□来店□TEL□DM□		

客户管理总结　　　　　　　　　　　　　　表 9-13

项　目	对　象	工 作 内 容
潜在客户开发	结交"新朋友"	1.建立信心； 2.介绍公司、产品； 3.介绍自己； 4.收集客户资料； 5.对意向客户制定下次再访时间
意向客户促进	H、A、B、C 级客户	1.商品信心强化； 2.抗拒处理； 3.答疑； 4.促进成交； 5.购车作业说明； 6 需求分析
相关服务手续及作业	成交客户	1.车款作业； 2.领牌作业； 3.保险作业； 4.配件工作； 5.交车作业
基盘维系	VIP 保有客户（自销/他销） 战败客户	1.相关产品信息提供； 2.相关活动信息提供； 3.关系维护；. 4.售后服务

三 学习拓展

潜在客户开发流程如图 9-1 所示。

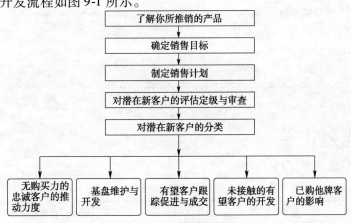

图 9-1　潜在客户开发流程图

四 评价与反馈

1 自我评价

（1）通过本任务的学习你是否已经知道以下问题：

①是否会填制来电客户登记表和客户 A-C 卡登记表?

_____

②是否能根据客户提供的信息为意向客户进行分级?

_____

(2)是否正确掌握汽车企业客户"三表一卡"填写技巧?

_____

(3)实训过程完成情况如何?

_____

(4)通过本任务的学习,你认为自己的知识和技能还有哪些欠缺?

_____

签名:_____   _____年____月____日

2 小组评价

小组评价见表 9-14。

小组评价表 表 9-14

序号	评价项目	评价情况
1	是否正确掌握汽车企业客户"三表一卡"填写技巧	
2	是否能根据客户提供的信息为意向客户进行分级	
3	是否会正确填制来电客户登记表和客户 A-C 卡登记表	
4	是否遵守学习、实训场地的规章制度	
5	是否能保持学习、实训场地整洁	
6	团结协作情况	

参与评价的同学签名:_____   _____年____月____日

3 教师评价

_____

签名:_____   _____年____月____日

五 技能考核标准

技能考核标准见表 9-15。

技能考核标准表 表 9-15

序号	项目	操作内容	规定分	评分标准	得分
1	准备工作	准备三表一卡,并做好详实记录	10	表格制订要有科学性;不符合标准酌情扣分	
2	填写来店(电)客户信息登记表	在接待过程中掌握客户信息,正确填写表格	30	来店(电)客户信息登记信息要完整;不符合标准酌情扣分	

续上表

序号	项目	操作内容	规定分	评分标准	得分
3	填写营业活动日报表	按要求填写营业活动日报表	20	营业活动日报表填写要完整；不符合标准酌情扣分	
4	填写意向客户进度管制表	按要求填写意向客户进度管制表	30	意向客户进度管制表填写要完整；不符合标准酌情扣分	
5	客户管理总结	客户关系管理科学性核查	10	客户关系管理要科学；不符合标准酌情扣分	
	总分		100		

学习任务 10　填制销售促进失控（战败）记录表

学习目标

知识目标

1. 正确认识销售促进失控（战败）记录表；
2. 明确销售促进失控（战败）记录表的填写说明。

技能目标

1. 掌握销售促进失控（战败）记录表填写方法；
2. 通过销售促进失控（战败）记录表的填写，有效提升销售顾问的销售能力和分析能力。

建议课时

2课时。

任务描述

夫妻二人来店看车，第一次来店先看了三厢福克斯自动时尚车型，且有意向办分期，并想加装导航和太阳膜之类的装具，但客户还在对比之中没确定车型。在回访的时候客户还问到致胜的价格,第二次来店后看了致胜,还说觉得速腾挺好,因为两口子都在银行工作,商用比较多,所以想买空间大一些的车型,但是考虑到油耗及价格方面的因素,对致胜还是心存疑虑。

客户在银座和润华也对比过价格,三家的价格优惠幅度都差不多,且女士想买致胜,男士觉得致胜2.3的油耗太大,而且分期的费用也较高,说回家再考虑一下。客户来电三次,但是最终选择速腾,说有熟人,没手续费,觉得比较合适。

一 理论知识准备

(一)销售促进的涵义

销售促进(Sales Promotion,SP),又称为营业推广,它是指企业运用各种短期诱因鼓励客户和中间商购买、经销企业产品和服务的促销活动。

美国市场营销协会定义委员会认为,销售促进是指"除了人员推销、广告、宣传以外的、刺激消费购买和经销商效益的各种市场营销活动。例如,陈列、演出、展览会、示范表演以及其他推销努力。"还指出,在美国零售业,销售促进被理解为零售企业"刺激客户的一切方法,包括人员推销、广告和报道"。因此,它和促销常被视为同义语。

(二)销售促进的措施

企业促销措施可分为两种,人员促销和非人员促销。人员促销采取直接、主动地方式,通过推销员或者是售货员,口头直接向客户宣传介绍产品,实现商品向客户的转移;非人员促销是采取间接地方式,通过广告的宣传与营业推广等媒体形式,使客户认识产品,从而引起购买欲望和行动。以上两大类的促销措施作用有别,但是相辅相成。

(三)填写销售促进失控(战败)记录表

1 作用

《销售促进失控(战败)统计表》主要用于战败/失控后对战败/失控的原因进行分析汇总。此表可以帮助专营店掌握客户战败/失控的原因,发现弱项进行改善。

2 销售促进失控(战败)记录表使用说明

(1)《销售促进失控(战败)记录表》用于对战败/失控客户的统计及分析;

(2)对于跟踪中发现已购其他品牌车辆或无法联系的意向客户,经过销售经理与客户联系确认信息属实后,方可确定为战败/失控;

(3)销售顾问在跟踪促进过程中,如确定战败/失控,应将战败/失控的客户信息录入此表;

(4)销售部经理应每月将各位销售顾问的《销售促进(战败)记录表》汇总整理,形成专营店的月度《销售促进失控(战败)统计表》进行分析。

(四)销售促进失控(战败)记录表模板

销售促进失控(战败)记录见表10-1。

年　　月份销售促进失控(战败)记录表　　　　　　　　表10-1

专营店：

客户名称	拟购车型	电话	发生日期	发生级别	失控战败日期	战败厂牌(车型)	战败原因	失控原因	接洽人员	失控战败说明	主管确认	确认日期

战败：意向客户(包括O、H、A、B级)购买其他车型

失控：除战败以外，无法管理或联络的意向客户

战败厂牌：皇冠、奥迪A6、雅阁、别克君越、帕萨特、马自达6、蒙迪欧、花冠、宝来、索纳塔、伊兰纳桑塔纳3000、福美来、其他(注明车型)

战败原因：外观、配置、价格、售后服务、品牌力、性能、促销、内部空间、其他(注明原因)

失控原因：按揭条件、电话空号、联络不上，其他(注明原因)

改善建议及对策：

二　任务实施

1 准备工作

准备销售促进失控(战败)记录表(表10-1)1份。

2 技术要求

(1)分组：销售顾问、销售部经理、总经理。

(2)要求：按销售促进失控(战败)记录表使用说明进行填写。

(3)点评：互相点评，老师点评。

❸ 销售促进失控(战败)记录表审核

(1)战败/失控必须经过销售部经理亲自确认;

(2)销售部经理应确认销售顾问对战败/失控情况有完整记录,并定期进行战败原因的汇总分析;

(3)对战败客户,销售部经理应与销售顾问共同挖掘战败/失控的深层原因,并给出指导性意见,以帮助销售顾问逐步提升销售能力,进而提高成交率;

(4)销售部经理应每月向总经理汇报战败/失控情况,并做出原因分析;

(5)总经理应与销售部经理共同商讨出改善方案并督促执行。

❹ 操作步骤

(1)第一步,总结需求分析不到位的原因;

(2)第二步,填写销售促进失控(战败)记录表;

(3)第三步,销售经理审核销售促进失控(战败)记录表。

根据销售顾问填写的记录表为其挖掘战败/失控的深层原因,并给出指导性意见。

三 学习拓展

(一)客户关系管理应用的九步法

❶ 员工培训

(1)培养员工的客户服务意识;

(2)建立完善的培训系统;

(3)加强客户服务人员培训。

❷ 全面观察客户

全面观察客户项目汇总见表10-2。

观察客户项目汇总表　　　　表10-2

观 察 点	观 察 项 目
销售顾问	全面观察:消费行为与习惯、兴趣爱好、思维方式、性格特点、期望需求、背景等
服务接待	
客户服务代表	
索赔员	客户对保修政策及相关内容的认识、北京、抗拒反应等
财务人员	付费习惯、财务状况
维修技师	车辆使用及养护情况等
车间主管	车辆使用及养护情况、技术问题咨询情况
配件管理员	配件需求、价格要求、质量评定等
保洁员	休息习惯行为举止等
洗车工	车辆保洁情况、清洗要求与标准等
所有员工	消费行为、兴趣爱好等

❸ 信息收集与分析

(1) 确定信息收集方法、内容;

(2) 信息收集;

(3) 信息整理、分类;

(4) 索引卡存储;

(5) 计算机录入;

(6) 反馈信息;

(7) 客户定位。

❹ 识别客户

(1) 制订分级标准;

(2) 确定级别;

(3) 数据分析;

(4) 客户分级。

❺ 区分客户

(1) 确定区分客户标准;

(2) 设定组别;

(3) 数据分析;

(4) 区分客户。

❻ 双向沟通,了解客户需求

❼ 提供个性化产品或服务

当今汽车市场竞争异常激烈,企业为立于不败之地,并扩大自己的市场占有率,均采用了各式各样的竞争手段,比如:低价格、24 小时维修服务、会员制、积分制、售后关怀、上门服务等,无论采用何种方式,企业为使其竞争手段行之有效,在运行之初,均要充分了解市场及自身企业的实际情况,以确立竞争重点。

❽ 绩效评定

绩效评定工作流程如下:

确定衡量标准→编制评定内容→制订评定办法→绩效评定实施→提出评定报告

❾ 不断创新

(二) 创造忠诚客户

❶ 情感投入账户

情感投入账户(如图 10-1 所示)。

❷ 执行要领

(1) 建立共识:宣导销售顾问/客户回访员基盘客户回访的好处;

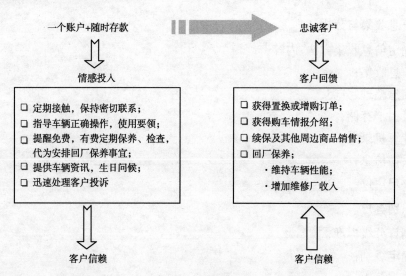

图10-1 情感投入账户

(2) 每月要回访的数量平均分配与每周、每日;
(3) 确实执行查核工作;
(4) 妥善运用回访未遇的函件;
(5) 举办激励竞赛;
(6) 奖励基盘客户回访绩优人员;
(7) 针对他牌基盘/本牌他销的客户,应建立档案,发展关系,切记毁谤原购车展点。

四 评价与反馈

❶ 自我评价

(1) 通过本任务的学习你是否已经知道以下问题:
① 是否能正确看待《销售促进失控(战败)记录表》?
_____。
② 是否能正确填写《销售促进失控(战败)记录表》?
_____。
(2) 是否能对《销售促进失控(战败)记录表》进行准确分析并给出指导意见?
_____。
(3) 实训过程完成情况如何?
_____。
(4) 通过本任务的学习,你认为自己的知识和技能还有哪些欠缺?
_____。

签名:_____   _____年___月___日

❷ 小组评价

小组评价见表10-3。

小组评价表　　　　　　　　　　　　　　　　表10-3

序号	评价项目	评价情况
1	是否能正确看待《销售促进失控(战败)记录表》	
2	是否能合理规范地使用客户关系管理应用的九步法	
3	是否能对《销售促进失控(战败)记录表》进行准确分析并给出指导意见	
4	是否遵守学习、实训场地的规章制度	
5	是否能保持学习、实训场地整洁	
6	团结协作情况	

参与评价的同学签名：_____　　_____年___月___日

3 **教师评价**

_____
_____。

签名：_____　　_____年___月___日

五 技能考核标准

技能考核标准见表10-4。

技能考核标准表　　　　　　　　　　　　　　　表10-4

序号	项目	操作内容	规定分	评分标准	得分
1	准备工作	准备客销售促进失控(战败)记录表一份,并做好详实记录	10	按要求填写《销售促进失控(战败)记录表》；不符合标准酌情扣分	
2	审核销售促进失控(战败)记录表	销售促进失控(战败)记录表审核	20	根据要求正确审核记录表；不符合标准酌情扣分	
3	挖掘战败/失控的深层原因	与销售顾问共同挖掘战败/失控的深层原因,并给出指导性意见	30	正确给出指导性意见,提升销售顾问的销售能力；不符合标准酌情扣分	
4	销售部经理向总经理汇报战败/失控情况	做出战败/失控原因分析	30	正确作出战败/失控原因分析；不符合标准酌情扣分	
5	总经理与销售部经理进行商讨	做出改善方案并督促执行	10	作出改善方案；不符合标准酌情扣分	
		总分	100		

项目四 客户接待

学习任务 11 客户维修保养预约

学习目标

★ 知识目标
1. 了解预约的相关知识;
2. 知道预约对客户和经销商的好处。

★ 技能目标
1. 掌握并熟悉预约的流程,并能够使用;
2. 通过任务演练,能够根据实际情况使用规范的礼仪和话术。

建议课时

2课时。

 任务描述

客户王先生到汽车维修站去维修汽车,但被告知需要等待一小时左右才能进行检修,且修好的时间未定,王先生没有同意,因此决定放弃此次修理。几日后,维修站业务员打电话给王先生,了解到王先生的情况,向王先生提出预约服务,顺利解决了问题。

一 理论知识准备

(一)什么是预约

维修服务流程一般是从预约开始,经过维修接待、维修作业、质量检验、结账交车,最后进行跟踪回访(图 11-1)。

所谓预约就是在接受用户预约时,根据维修服务中心本身的作业容量定出具体作业时间,以保证作业效率,并均化每日的作业量。预约是汽车维修服务的首个环节,也是非常重要的一个环节,它能够与客户建立良好的关系,并且确定接待时间,以免发生如上述情景般遗漏客户的情况。

图 11-1 维修服务流程

预约分为被动预约和主动预约。被动预约是等待用户打电话前来预约服务,也就是车辆出现故障或是用户认为车应该要做保养了,打电话给服务商。而主动预约是服务商主动打电话或发短信给客户,了解车的运行状况,为车主制订一套保养计划,在保养的时候提前通知他,同时参考车间的维修量、工作负荷对客户进行合理的安排。显然,主动预约能更有效的提高预约率,并逐渐培养用户的预约习惯。所以这就要求服务顾问每次服务都及时更新用户资料,掌握用户行驶习惯,及时准确提出主动预约服务。

(二)预约的好处

❶ 预约实现对客户的好处

(1)客户可以方便地根据自己的日程安排服务时间;

(2)缩短客户等待时间;

(3)获得更多的个别关照;

(4)可以有更多的咨询时间;

(5)更充分的诊断时间从而得到质量更好的服务。

❷ 预约实现对经销商的好处

(1)可以合理安排维修工作量,节约时间,从而提高生产效率;

(2)确保接待时间,以免遗漏客户要求;

(3)使客户的车辆得到迅速、优质的维修,提高客户满意度和忠诚度;

(4)避免客户集中出现,可以从容应对,避免不必要的纠纷;

(5)可以实现计划工作和单车过程控制;

(6)可以事先准备配件,实行计划作业,节约配件准备和查询对工作效率的影响;

(7)可以预先安排工作协作,加强计划性。

(三)预约的工作内容、要求及准备

❶ 预约工作内容

(1)询问客户及车辆基础信息(核对用户数据,登记新用户数据);

(2)询问行驶里程;

(3)询问上次维修时间及是否为返修;

(4)确认客户的需求及车辆故障问题;

(5)介绍特色服务项目及询问客户是否需要这些项目;

(6) 确定维修顾问的姓名;

(7) 确定接车时间并暂定交车时间;

(8) 提供价格信息;

(9) 提醒客户带相关资料(随车文件,维修记录)。

❷ 预约工作要求

(1) 使用预约登记表或汽车维修管理系统进行预约;

(2) 引导客户预约,设立预约客户欢迎板,展示预约流程图,对客户进行预约宣传,采取优惠手段激励客户预约。

❸ 预约准备工作

(1) 草拟派工单,包括目前为止已了解的内容,可以节约接车时间;

(2) 检查是否是返修,如果是要填写《返修车处理记录表》以便特别关注;

(3) 检查上次维修时发现但没有纠正的问题,记录在本次订单上,以便再次提醒用户;

(4) 估计是否需要进一步工作;

(5) 通知有关人员(车间、备件、接待、资料、工具)做准备;

(6) 提前一天检查各方的准备情况(技师、备件、专用工具、技术资料)。

❹ 预约流程

(1) 客户主动预约。

客户主动预约,说明客户对本特约维修中心印象还比较满意,预约人员应该合理把握机会提供完善的服务,在客户心中树立公司品牌形象。在处理预约时,如果是一般的故障,可以以正常的步骤安排预约时间;如果有较大安全隐患或者短时间可以解决的问题,则可以考虑进行预约调整或者上门维修,客户时间较紧急时可安排专车接送。客户主动预约流程演示如图 11-2 所示,C 为客户,M 为服务顾问。

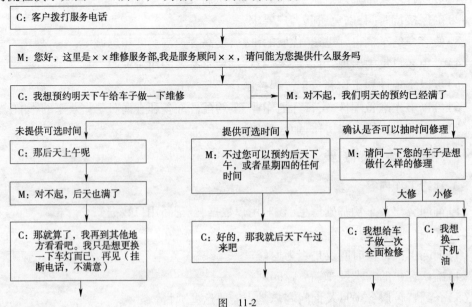

图 11-2

项目四 客户接待

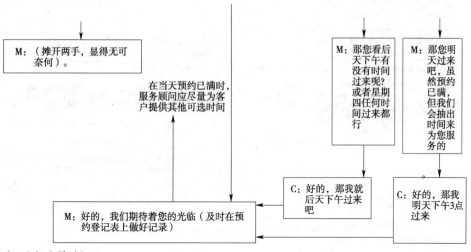

留下客户资料：

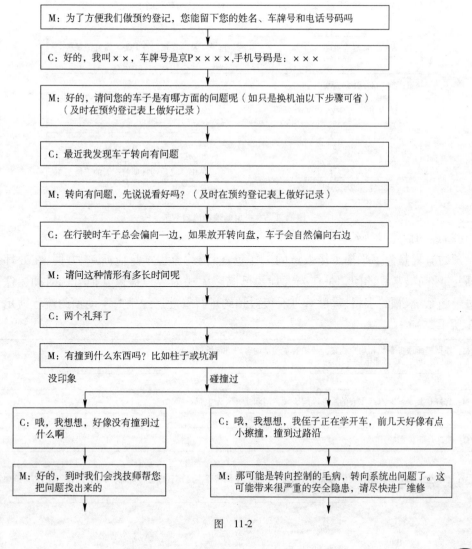

图 11-2

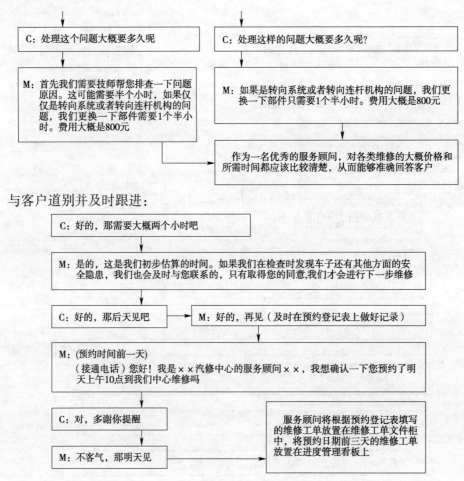

与客户道别并及时跟进:

图 11-2　客户主动预约流程演示

（2）经销商主动预约。

预约流程是为了平衡工作人员的工作量，但预约流程本身应简单、方便，在处理预约时，服务顾问最常见的问题是在当天预约已满时无法为客户提供其他可选时间。这可以通过电脑系统、预约表格、进度管理看板对预约进行管理。经销商主动预约流程演示如图11-3所示。

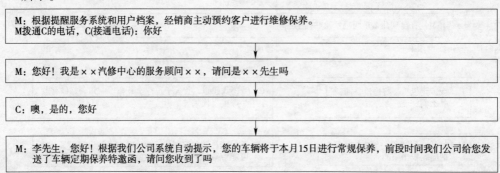

图　11-3

项目四 客户接待

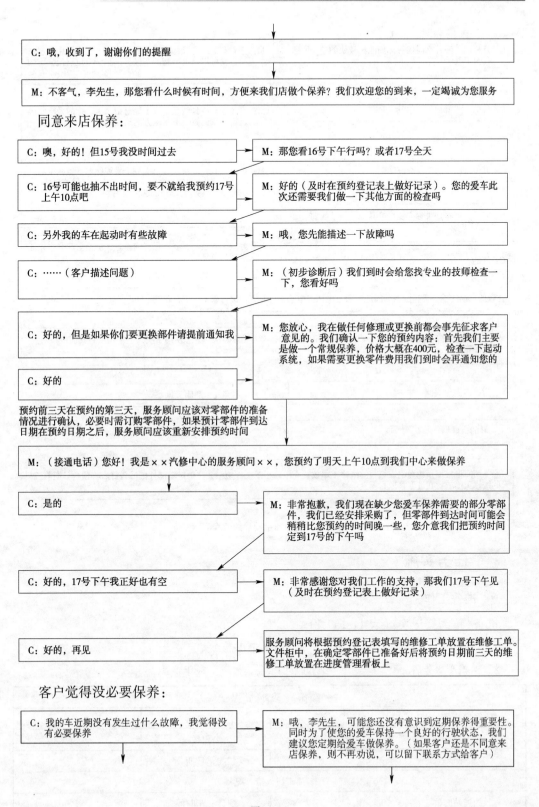

图 11-3

客户关系管理

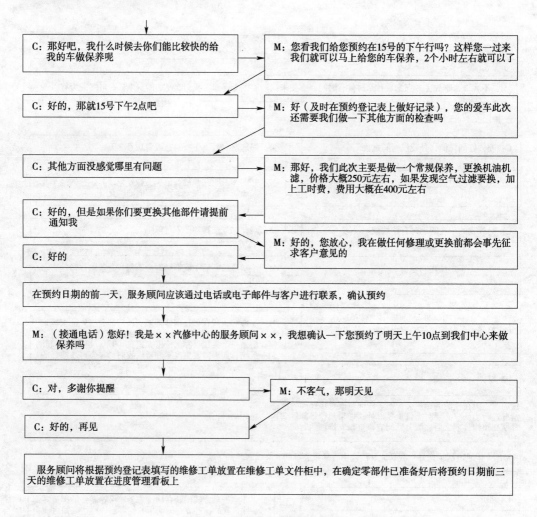

图 11-3 经销商主动预约流程演示

二 任务实施

1 准备工作

准备《预约登记表》(表 11-1) 1 份。

预 约 登 记 表 表 11-1

×××汽车服务店　　　　服务顾问：　　　　　年　月　日

客 户 基 本 情 况			
客户姓名		联系电话	
车型		公里数	
车牌号		购车日期	
预 约 情 况			
预约进站时间		预计交车时间	

续上表

预约内容					
客户描述：					
故障初步诊断：					
所需配件(备件号)、工时：					
维修费用估价：					
客户其他要求：					
预约上门取车时间		预约上门取车地点		交车人	
预约上门交车时间		预约上门交车地点		收车人	
取车/交车人签名		客户或交接人签名			
备注：					

② 技术要求与注意事项

1）技术要求

（1）分组：客户组、维修接待组；

（2）要求：按客户要求进行演练，准确运用学习过的原理，使用恰当的技巧和话术；

（3）点评：互相点评，老师点评。

2）预约过程注意事项

在预约过程中，应该注意以下事项（表11-2）。

预约过程中的注意事项　　　　　　　表11-2

电话	电话随时有人接听，预约电话铃声三声内有人接电话
记录	记录所有需要的信息和客户对故障的描述
诊断	进行诊断，并告知客户结果、方法和所需时间
约时	根据客户要求和车间能力约定时间
准备	进行维修准备工作，迎接客户到来

③ 操作步骤

（1）第一步，客户打电话进行预约，维修顾问应该及时应答，并做好自我介绍。

（2）第二步，询问客户的姓名和车辆的详细情况，在询问时，应该记录所有需要的信息，例如客户的姓名、车辆的车型、使用状况以及客户对车辆故障的描述。

（3）第三步，根据客户的要求和目前车间的安排情况，与客户约定时间。要注意应该两者结合，不能只顾客户要求而忽视车间能力，若客户如约到来，车间却无法安排，会造成非常恶劣的影响。

（4）第四步，根据实际情况，提供估价、保养和基本维修。预约时，如果可能，可以提供一个大概的估价，让客户心里有数，能够提前准备。

（5）第五步，确认和客户达成的协议，并重复约定好的时间以及客户的要求，这是检查是否有遗漏和修改的重要步骤。

（6）第六步，其他服务。如果修车时间比较长，或者约定的取车时间比较久，要确认是否为客户提供交通工具。

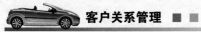

预约实施规范
预约流程要张贴，宣传到位和及时
欢迎板放入口处，明确预约人和事
预约服务要宣传，服务内容应告知
预约电话及时接，倾听要求并记录
安排业务量合理，根据车间人和地

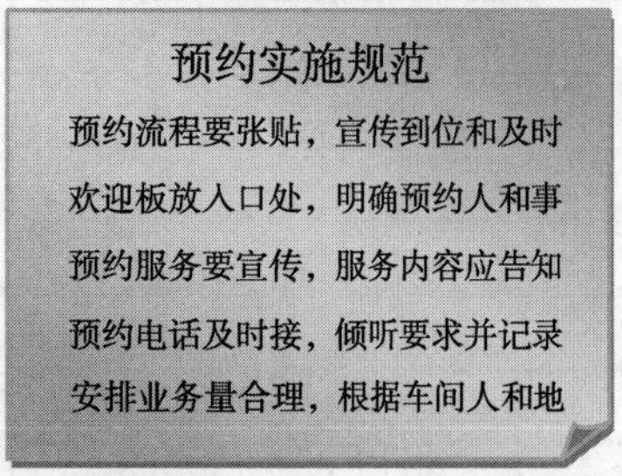

图11-4　预约实施的规范

（7）第七步，感谢客户，在预约完成后应该感谢客户，挂电话时注意应该让客户先结束通话。

三　学习拓展

预约实施的规范见图11-4。

四　评价与反馈

❶ 自我评价

（1）通过本任务的学习你是否已经知道以下问题：

①是否知道什么是预约？

_____。

②是否知道预约的好处？

_____。

（2）是否熟悉预约的流程并掌握预约过程中的相关话术和技巧？

_____。

（3）实训过程完成情况如何？

_____。

（4）通过本任务的学习，你认为自己的知识和技能还有哪些欠缺？

_____。

签名：_____　　_____年____月____日

❷ 小组评价

小组评价见表11-3。

小组评价表　　　　　　　　　　　　　　表11-3

序号	评价项目	评价情况
1	是否熟悉预约的流程	
2	是否了解预约实施规范	
3	是否掌握预约过程中的相关话术和技巧	
4	是否根据客户的要求和目前车间的安排情况，与客户约定时间	
5	是否能保持学习、实训场地整洁	
6	团结协作情况	

参与评价的同学签名：_____　_____年____月____日

❸ 教师评价

_____
_____。

签名：_____　　_____年____月____日

五 技能考核标准

技能考核标准见表11-4。

技能考核标准表　　　　　　　　　　　　表11-4

序号	项目	操作内容	规定分	评分标准	得分
1	准备工作	准备预约登记表一份,并做好翔实记录	10	预约登记表提前准备,填写细致、规范;不符合标准酌情扣分	
2	预约话术使用	根据客户的问题使用相应的话术	30	话术使用得当;不符合标准酌情扣分	
3	预约礼仪	在预约过程中能够体现良好的礼仪规范	30	相关预约礼仪标准;不符合标准酌情扣分	
4	预约流程处理	完整的完成整个预约过程	30	预约过程完整、规范、恰当;不符合标准酌情扣分	
		总分	100		

学习任务12　展厅接待客户

学习目标

知识目标

1. 了解展厅接待的内容;
2. 熟悉展厅接待的礼仪和基本动作。

 技能目标

1. 掌握并熟悉展厅接待的流程;
2. 掌握在接待过程中获取客户资料的技巧;
3. 通过任务演练,能够根据实际情况使用规范的礼仪和话术。

 建议课时

2课时。

客户关系管理

任务描述

一对夫妇来到某 4S 店看车,他们想买一款 12 万元左右,漂亮时尚的车型,主要用于上下班和接送小孩,平时节假日也会进行一些自驾游,已经看中了某种车型,这次来 4S 店想看一下实车,并获得更多的资料进行参考。

一 理论知识准备

1 展厅接待流程

展厅接待客户是汽车销售流程当中非常重要的一个环节,来到展厅的客户,基本上都是对店内的销售的车型感兴趣的,成交的可能性非常高。因此,熟练掌握展厅接待的基本动作,是一个成功的销售顾问的必备条件。

汽车展厅接待一般流程主要包括以下内容(表 12-1)。

展 厅 接 待　　　　　　　　　　　　　表 12-1

	做 什 么	如 何 做	使 用 话 术
迎候	保安或销售顾问引导停车	出门迎接至停车位,1 分钟之内接待,介绍自己并提交名片; 销售经理、展厅主管每天巡查迎宾前台,发现客户无人接待要及时通知销售顾问	您好,欢迎光临,我是销售顾问××,很高兴为您服务
	主动出门迎接,使用标准话术,必要时为客户打伞,引导进入展厅		
	对于从服务区前来展厅的保有客户及随行人员,需要及时安排接待		
接待	主动与客户寒暄,主动询问客户来店目的,并提供相应服务;	不得冷落客户	请问有什么可以为您服务
	根据客户意愿引导看车或引导至休息区	了解客户购车背景	
	询问客户姓名,并在交谈中称呼对方	主动引导客户进入需求分析环节,但不要强迫客户做出决定或强行进入下一步骤	在来这里前,您是否接触过或听说过这款车?能不能介绍下您对这车的看法
	在系统中登记来电客户信息	根据客户来电接待过程中的表现,初步派段客户意向级别	
送别	获取客户信息,邀请再次来店	可根据实际店头营销活动赠送客户来店小礼品、宣传资料(如:型录、活动单张等)	××先生(女士),这是我们××汽车的资料,请您过目
	帮助客户清点随身物品,查看是否遗漏		
	微笑送至展厅门外,目送客户离开	如客户开车前来,应将客户送至停车位	谢谢××先生(女士)光临我店,有需要可以随时联系我,我随时恭候您的再次光临,谢谢

续上表

做 什 么	如 何 做	使 用 话 术
后续工作: 30min 内将主要信息短信发给客户（如专营店地理位置、主要活动信息、联系方式等）	记录客户基本信息、后续联系方式、联系时间、预计购车日期、获取信息渠道、竞争车型、客户的其他问题	
立即将信息录入系统，并确定后续提醒计划		

❷ **接待技巧**

1）给客户留下良好的第一印象

在展厅接待过程中，给客户留下良好的第一印象是非常重要的，而创造良好第一印象的机会只有一次，整洁的环境，正式的着装，积极的问候，恰当的接待都是创造良好第一印象不可或缺的条件。

2）了解客户的需求

了解客户需求是必要的，在接待过程中，销售顾问应该做到以下几点，并掌握了解客户需求的一些方法（图 12-1）：

(1)表现对于他们需求的关怀；

(2)向客户推荐或提供对的或适切的选择；

(3)聆听客户的声音；

(4)表现专业，讲述有关产品的功能、特色及好处；

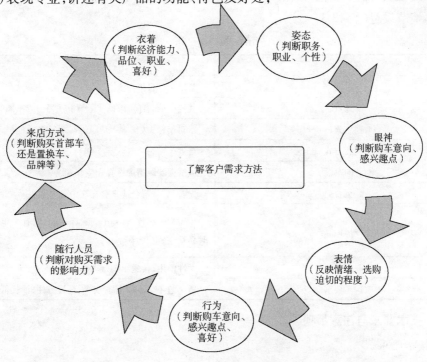

图 12-1 了解客户需求的方法

(5)展现诚实与诚意;

(6)同意按照客户的方式来决定购买与否;

(7)表现友善与具有建设;

(8)对客户表示尊敬与展现礼貌。

3)善于倾听

成功的销售顾问一定是一个好的听众,倾听技巧见表12-2。

倾听的技巧　　　　　　　　表12-2

做　法	说　明
倾听环境	没有干扰、空气清新、光线充足
眼神接触	精力集中、表情专注、认真记录
肢体语言	点头、眼神交流等和感叹词
对方角度	站在对方角度去理解对方、了解对方
适度提问	明确含糊之处
不急于下结论	让客户把话说完,不要轻易打断客户
确认	将客户的见解进行复述或总结

二 任务实施

1 准备工作

(1)场地及车辆准备:根据实际情况选择场地、工具和销售车辆。

(2)情节设定(表12-3)。

情　节　设　定　　　　　　　　表12-3

客户类别	首次到店的客户
时间	某个工作日下午3点
地点	某汽车4S店(可根据实际情况选择相应车辆的4S店)
到店人员	一对年轻夫妇
到店方式	自驾车
意向车辆	可根据实际情况选择相应车辆
购买意向	先看车型,若合适则会在三个月内购买
客户信息	丈夫为中高收入,妻子为家庭主妇,均有5年驾龄,平时喜欢旅游和购物
购车用途	女性使用,接送小孩,购物,旅游
购车要求	15万左右,漂亮时尚,安全,操控方便,油耗低

2 技术要求与注意事项

1)技术要求

(1)分组:客户组、销售顾问组;

(2)要求:按降低客户要求进行演练,准确运用学习过的原理,使用恰当的技巧和话术;

(3)点评:互相点评,老师点评。

2)接待过程中的注意事项

(1)销售顾问礼仪。

①迎宾人员站姿、动作符合礼仪标准规范;销售顾问站(坐)姿标准;销售顾问穿着整洁统一;

②销售顾问有佩戴工作牌且佩带位置明显;工牌为专营店统一工牌。

(2)电话接待:

①拨打销售热线,电话接通3声之内就有人接听(音乐彩铃10s内有人接听);

②用礼貌、热情的标准话术接听,并做好来电记录;

③销售顾问在电话中询问了客户姓名和联系方式;主动邀请客户来店看车或试乘试驾;

④主动介绍当前促销活动吸引客户来店;通话结束时,销售顾问感谢客户来电,并等待客户挂断电话后再挂电话;

⑤挂电话后将自己姓名及电话交谈中的重点信息以短信的方式发送给客户,并在短信中感谢客户来电。

(3)展厅接待。

①1min内应有销售顾问主动为客户提供帮助;销售顾问向客户进行自我介绍;

②销售展厅洽谈桌入座后有工作人员主动提供至少3种饮料供客户选择;

③客户离店时,销售顾问送别并感谢客户来店;

④客户离店30min内,发短信感谢客户来店,告知客户自己联系方式;

⑤销售顾问为客户开关车门,并用手护住车门框上方;

⑥执行5S管理要求及礼仪规范要求。

3 操作步骤

(1)第一步,客户进店接待。客户进店时,销售顾问应该快速迎上,若不是自动门,销售顾问应为客户开门,并鞠躬示意,与客户打招呼:"您好,欢迎光临×××汽车4S店"等等。客户入店后,销售顾问应该热情接待,并向客户介绍自己,并递交名片,同时应该询问客户的姓名等基本情况。

(2)第二步,进入展厅,参观展车。了解客户的基本要求,比如是看车还是索取资料等,若是看车,销售顾问应当引导客户进入展厅,参观展车。参观过程中与客户交谈,了解客户购车背景,客户需求等,并可按照客户的要求进行绕车介绍。

(3)第三步,请客户就座。参观完展车,应请客户就座,提供饮料或者其他茶点,并与客户寒暄,提供相应的车型资料,进一步了解客户的需求和购买意向等。

(4)第四步,送别客户。销售顾问可以约定客户下次来店时间,或者是试乘试驾等,然后送客户出门。

三 学习拓展

场景模拟——获取客户资料的技巧。

在展厅接待过程中,销售顾问可以有六个机会获取客户资料。

❶ 初次接洽客户

情景1:

销售顾问:您好!欢迎致电××4S店,销售顾问×××很高兴为您服务?

客　　户:你好!我今天看报纸你那××怎么卖啊?

……

客　　户:有优惠吗?

销售顾问:我们公司最近针对这台车办活动,有很多促销方案。

客　　户:什么方案?

销售顾问:有分A/B/C/D方案,您看须要我请行政助理将资料寄给您,还是请您到展厅我亲自跟你解说顺道看个车,您觉得哪个好呢?

……

销售顾问:周先生!跟您确认一下132××××××××是您的手机号码吗?

客　　户:恩!没错。

销售顾问:周先生我叫×××,那我周五再跟您联系确定一下来店的时间好吗?

客　　户:好!

情景2:

销售顾问:先生您好!欢迎光临!请问有什么可以为您服务的?

客　　户:看看车子。

销售顾问:这是我的名片,我叫×××,请指教!先生,请问怎么称呼您?可否和您交换一张名片?

客　　户:不好意思今天没带名片,我姓周。

销售顾问:周是周总理的周吗?

客　　户:没错!

销售顾问:周先生,您要不要这边坐着喝杯水休息一下?

客　　户:谢谢!不用了。

❷ 编写报价单

情景3:

销售顾问:周先生,需要帮您写一份报价单吗?

客　　户:好啊!

……

销售顾问:周先生,麻烦一下,您的全名是?

客　　户:不用留吧!

销售顾问:因为这个报价单仅在本周有效,为保障您的权益所以请留下您的全名,这边有我的签名只要您在本周决定购买时,只要拿这张报价单,我会依照上面承诺的条件优惠给您,请问您怎么称呼?

客　　户:周××。

销售顾问:您的电话是?

客　　户:139××××××××。

❸ 试乘试驾

情景4:

销售顾问:周先生,欧洲车的诉求重点在于操控,必须通过试乘试驾才能够深刻体会,我想邀请您试乘试驾一下我们的速腾,您看可以吗?

客　　户:可以。

销售顾问:周先生,麻烦您!我们一起填写一下试乘试驾登记/预约表好吗?

客　　户:好的。

……

销售顾问:周先生,您的电话是?

……

销售顾问:周先生,您的驾驶证借我复印一下。

❹ 活动邀请

情景5:

销售顾问:周先生,您看的这台高尔夫最近在举办活动。

客　　户:什么活动?

销售顾问:本月底购车可以参加一汽—大众举办的抽奖活动!

客　　户:抽什么奖?

销售顾问:周先生,本月中我们应该还会举办这台车的促销专案!

客　　户:什么专案?

销售顾问:应该是明后天会公布,公司宣布后我再电话告知您,周先生我要如何联络您比较方便?

客　　户:你打139××××××××这电话好了!

❺ 送别客户

情景6:

销售顾问:王先生,针对今天我对您的接待过程,您还满意吧?这是我们的《销售顾问接待考核表》,请您给我一些建议。

客　　户:挺好,不用写了吧!

销售顾问:王先生,公司为了提高客户满意度,主要是看我们销售顾问还可以在哪些方面进行改进,所以对我们有考核.麻烦您就帮忙填写一下,好吗?

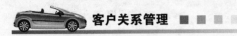

客　　　户:好吧!

销售顾问:谢谢您!

❻ 主管离行前面谈

若使用上述方法销售顾问仍无法留下客户资料,应该介绍主管与客户认识,主管询问客户,销售顾问是否提供专业的讲解及试乘试驾,给客户受到尊重的感觉,再次感谢客户光临并尝试最后留下客户资料。

四 评价与反馈

❶ 自我评价

(1)通过本任务的学习你是否已经知道以下问题:

①是否知道什么是展厅接待?

_____

②是否熟悉展厅接待的流程?

_____

(2)是否熟掌握展厅接待的礼仪和基本动作?

_____

(3)实训过程完成情况如何?

_____

(4)通过本任务的学习,你认为自己的知识和技能还有哪些欠缺?

_____

签名:_____　　　_____年____月____日

❷ 小组评价

小组评价见表12-4。

小组评价表　　　　　　　　　表12-4

序号	评价项目	评价情况
1	着装是否符合要求	
2	是否熟练掌握汽车展厅接待礼仪规范	
3	是否正确掌握获取客户资料的技巧	
4	是否能正确了解客户需求	
5	是否能正确利用客户需求话术技巧进行分析	

参与评价的同学签名:_____　　_____年____月____日

❸ 教师评价

_____

_____

签名:_____　　　_____年____月____日

五 技能考核标准

技能考核标准见表12-5。

技能考核标准表   表12-5

序号	项目	操作内容	规定分	评分标准	得分
1	客户进店接待	客户进店接待的基本礼仪和动作	15	礼仪标准、动作规范;不符合标准酌情扣分	
2	客户店内接待	客户店内接待,自我介绍,了解客户基本信息	20	接待有礼、自我介绍准确;不符合标准酌情扣分	
3	展车介绍	需求分析、绕车介绍	25	绕车介绍标准,动作规范,话术得当,能够针对客户的问题进行准确的回答,并能够进行需求分析;不符合标准酌情扣分	
4	客户洽谈	进一步了解客户需求、送茶点、资料礼仪	25	送茶点、资料的礼仪标准,洽谈时使用的话术得当;不符合标准酌情扣分	
5	送别客户	送别礼仪和基本动作	15	送别礼仪规范;不符合标准酌情扣分	
	总分		100		

学习任务13　维修业务接待

学习目标

知识目标

1. 了解维修接待的内容;
2. 熟悉维修接待的流程。

技能目标

1. 掌握并熟悉维修接待的基本礼仪及相关操作;
2. 通过任务演练,能够根据实际情况使用规范的礼仪和话术。

建议课时

2课时。

客户王先生如约来到了汽车维修服务站,维修顾问小李热情接待了他,并确认了王先生的要求,填写了问诊表和施工单,并和王先生一起对车辆进行了检查。

一 理论知识准备

当客户进入维修企业为他的车辆进行保养或是维修时,能够得到维修顾问的热情而专业的接待,会使客户感觉愉快。因此,维修顾问应该具备良好的礼仪和素质,并善于与客户沟通,充分体现出对客户的关注与尊重。维修顾问的工作有哪些呢?

1 维修顾问的工作内容

在接待过程中,维修顾问有两项重要的工作,即填写《接车问诊表》(接车检查单)和签订《维修施工单》(任务委托书或维修委托任务书或维修合同)。

(1)填写《接车问诊表》。

为避免在客户提车时产生不必要的误会或纠纷,维修顾问在车辆进入维修车间前必须与客户一起对车辆进行环车检查。环车检查的主要内容有车辆外观是否有漆面损伤、车辆玻璃是否完好、内饰是否有脏污、仪表盘表面是否有损坏、随车工具附件是否齐全、车内和行李舱是否有贵重物品等。检验完成后,填写《接车问诊表》并经客户签字确认。接车问诊表(表13-1)一般是一式两份,一份交由客户保管,一份由企业保管。

接 车 问 诊 表　　　　　　　　　　　表13-1

| 车牌号:_____ 　行驶里程:_____(km)　车架号:_____ |
| 客户姓名:_____　电话:_____　　　　　到店时间:_____ |
| 客户陈述及故障发生时的状况: |
| 故障发生状况提示:行驶速度、发动机状态、发生频度、发生时间、部位、大气、路面状况、声音描述 |
| 接车员检测确认建议: |
| 检测确认结果及主要故障零部件: |
| 检查确认者: |
| 外观确认:　　　　　　　　　　　功能确认:(工作正常打√,不正常打×)
　　　　　　　　　　　　　　　　□音响系统　□门锁(防盗器)　□全车灯光
　　　　　　　　　　　　　　　　□工具　　　□后视镜　　　　□天窗　□座椅
　　　　　　　　　　　　　　　　物品确认:(有打√,没有打×)
　　　　　　　　　　　　　　　　□贵重物品提示　□工具　　□备胎
　　　　　　　　　　　　　　　　□灭火器　　□其他(　　)　旧件交还客户
　　　　　　　　　　　　　　　　□是　□否 |

续上表

检测费说明:本次检测的故障如客户在本店维修,检测费包含在修理费用内,如客户不在本店维修,请您支付检测费:¥×××元。
贵重物品:在将车交给我店检查修理前,已提示将车内贵重物品自行收起并保存好,如有丢失恕不负责。
业务接待:　　　　　　　　　　　　　　客户确认:

(2)填写《维修施工单》。

《维修施工单》(任务委托书或维修委托任务书)(表13-2)是客户委托维修服务企业进行车辆维修的合同文本。

维修施工单的主要内容包括:客户信息、车辆信息、维修服务企业信息、维修作业任务信息、附加信息及客户签字。

维 修 施 工 单　　　　　　表13-2

客户签字:		业务顾问签字:		
工单NO:		业务顾问:		
车牌号:		VIN NO:		
客户ID:		客户姓名:		
邮政编码:		地址:		
电话1:		电话2:		
车型:		SFX:	外观色	内饰色
入厂履历				
上次行驶千米数		入厂预定	卡号	
入厂日	维修内容	入场日	维修内容	
此次入厂情况		交车预定时间		
此次行驶千米数		下次入厂预定		
委托事项	维修内容	必要的零件		
开始时间	完成时间	主修签字	主任签字	检验员签字

注意事项:

1. 本施工单经双方确认后具有合同效力,可作为维修预检交接单使用,任务书概算费用,结算时凭维修结算清单,按实际费用结算,结算方式及期限:＿＿＿＿＿＿＿＿＿＿＿＿。

2. 承修方在维修过程中增加维修项目或费用及延长维修期限时,承修方应及时通知托修方,并以书面形式确认。使用的正副厂配件及质量担保期由双方约定,必要时,附材料清单作为任务书附件,托修方自带配件,承修方应查验登记,由此产生的质量问题,承修方概不负责。

3. 承修方应妥善保管托修车辆,托修方随车贵重物品随身带走,如有遗失,承修方不承担责任。

4. 维修质量保证期:从竣工出场之日起＿＿＿＿＿＿日或行驶里程＿＿＿＿＿＿km,以先达到标准为准。

客户关系管理

❷ 接待服务流程

接待服务流程如图 13-1 所示。

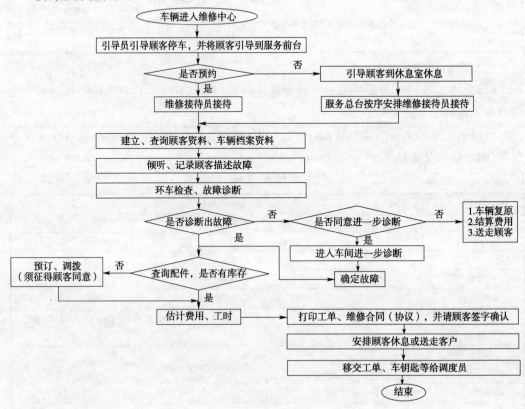

图 13-1 接待服务流程图

二 任务实施

❶ 准备工作

准备接车问诊表(表 13-1)1 份,《维修工单》(表 13-2)1 份。

❷ 技术要求与注意事项

1)技术要求

(1)分组:客户组、维修接待组;

(2)要求:按客户要求进行演练,准确运用学习过的原理,使用恰当的技巧和话术;

(3)点评:互相点评,老师点评。

2)维修接待过程中的注意事项

维修接待过程中应该注意以下事项:

(1)确保预约准备工作符合要求,准时等候预约客户的到来;

(2)用礼貌的语言欢迎客户并自我介绍,仔细倾听和记录客户关于车辆故障的描述;

(3)使用车辆资料信息系统查询客户车辆的相关资料;

（4）进行故障判断，并指出客户未发现的故障，必要时使用预检工位和向技术专家求助；

（5）记录车辆外观和车上设备、物品、油量等情况，整理客户要求并根据故障原因制订维修项目，并仔细、认真、完整地填写任务委托书；

（6）向客户解释维修任务委托书的内容，所需的工作，提供维修的报价和约定交车时间；

（7）请客户在委托书上签字确认，维修顾问签字后给客户一份副本；

（8）当着客户的面使用保护装置，妥善保管车辆钥匙、相关资料，安排客户离开或休息等候。

❸ 操作步骤

（1）第一步，客户接待。维修接待人员在客户到达维修服务中心后，要主动接待，确认来意，并按照客户是否预约，进行引导。非预约客户要引导至前台。

（2）第二步，建立或查询客户、车辆档案资料，倾听、记录客户描述故障。为客户建立档案资料，若是老客户，应该及时查询了解客户资料，以便于能够全面把握车辆状况，并注意倾听和记录客户对车辆故障的描述，倾听客户的描述应该在 6min 以上。

（3）第三步，环车检查、故障诊断、确认故障。维修接待人员应该邀请客户一起进行环车检查，确认车辆状况，并对故障原因进行初步诊断。尽量一次就能将故障诊断清楚，如果遇到较难诊断或者时间花费较长的，应向客户解释清楚，并安排好客户休息，然后向上一级服务部或技术专家申请援助，并督促尽快完成车辆诊断。

（4）第四步，预估费用，签订维修合同。诊断完后，根据库存和车辆实际情况，预估费用和工时，修理的时间，交车的时间等，签订维修合同。

（5）第五步，安排客户休息或送走客户。维修时间不长，且客户愿意等待的，应该安排客户的休息。若维修时间长，客户不愿等待，则应该根据客户的要求，为客户安排交通工具等，送走客户。

三 学习拓展

汽车维修接待人员部分话术技巧（表 13-3）

汽车维修接待人员话术技巧　　　　　　　　　表 13-3

问　题	回　答
花了一天时间才找到问题，我不修了，不是说免检查费吗，为什么还要收	维修前故障诊断是维修的关键环节，尤其是疑难杂症，需要高超的技术和丰富经验，同时还可能使用专用检测仪，若已准确判断等于维修进行了一半，因此按行业规定，适当的收取检测费用是合理的
为什么保养后不久又出现问题	由于这些问题对您造成不便，我们表示非常抱歉。我们会立刻对您的车进行检测，由于造成出现故障的原因有很多，在检测结果出来之后，我们会尽快给您一个满意的答复和解决方案
你们是怎么修车的，同样的问题修了好几遍？你们到底能修好吗	十分抱歉给您造成的不便，我们会对您的车再做一个全面检测，请放心，您会在最短时间内得到圆满答复。（如果是维修质量问题，再做一些道歉，和客户协商可能接受的方案。如果不是维修质量问题，礼貌地向客户解释检测结果，认同后，提出解决方案）

续上表

问　　题	回　　答
建议客户到厂前进行预约，客户说："我不要预约，有空我会自己来你们服务中心"	对于您的这种心情，我们完全可以理解。可是先生，您只要在进厂前一个小时，花几分钟时间与我们确认您方便维修的时间，就可以省去您数小时的等待时间，而且我们这里还设有预约绿色通道，您不觉得预约其实对您非常有利吗
经常性的电话问候，回访，客户比较烦："我的车很好啦，你们为什么老是打电话来呢？我很忙"	不好意思打扰你了，我们打电话给你是因为我们非常关心您车子维修后的使用情况，对我们自己负责，也是对您负责。如果您觉得我现在打电话给您打扰您了，那您看我什么时候打过来比较不会打扰你。（如果客户执意我们以后都不需要再打电话，那这个电话就可以不打，否则会引起客户的另一种不满意）
为什么维修等待时间这么长	公司现在的工位和车辆停放区的空间有限，而客户经常是集中一个时间段到店，还有有些客户的维修项需花费较多人力、时间去试车、排除。所以有些时候会使您的等待时间过长，同时为了缓解这个问题，建议客户下次来厂维修保养时进行预约，从而减少等待时间
为什么维修保养费用这么贵	我公司是专业维修企业，工时费的收取根据汽车辖区汽车行业管理处，以及物价局三者共同制订的，同时也是根据汽车厂家指导价格执行，配件则为原厂配件，价格全国统一，所有维修技师都经过培训，维修质量保证。在我们这里修车和外面私人的小型维修厂相比，我公司在品质与服务上都是专业的、一流的，您在我们这里花几百元做个全车保养，就是买了5000km的放心承诺，我们对所做的一切都有质量担保
你们的收费是怎么收的，不是说好100块钱一个工时吗？为什么我的车子修了才1个小时，却收费1000多	因为我公司在维修自己的品牌车是非常专业的，维修车对于您来说，肯定是速度越快越好，维修工时与实际工作时间不是一个概念，工时是指工作时间内的工作效率与价值，所以时间长短并不能作为衡量收费标准，例如大修发动机需两天两夜，工费只有1600元。如果同样的收费，维修同样的问题在别人那里要半天，在我们这里只要一个小时，你会选择哪里呢
你们的使用手册上写着的3000km做首保，但我想提前做首保行吗	可以，3000km保养是磨合期的保养，把发动机里面磨下来的杂质放掉，使发动机的使用寿命延长，性能更加好，使您充分体会到驾驶的乐趣

四　评价与反馈

❶ 自我评价

(1) 通过本任务的学习你是否已经知道以下问题：

①是否熟悉维修业务接待的流程？

②是否了解维修接待过程中的注意事项？

(2) 是否掌握维修接待过程中的基本礼仪和动作？

(3)实训过程完成情况如何?

_____。

(4)通过本任务的学习,你认为自己的知识和技能还有哪些欠缺?

_____。

签名:_____   _____年___月___日

❷ 小组评价

小组评价见表13-4。

小组评价表　　　　　　　　　　　　　　　　　表13-4

序号	评价项目	评价情况
1	是否正确掌握维修接待流程	
2	是否正确掌握环车检查流程	
3	是否能正确填写接车问诊表	
4	是否能正确填写维修施工单	
5	是否能正确使用汽车维修接待话术技巧	
6	是否具备维修顾问应用的礼仪和素质	

参与评价的同学签名:_____   _____年___月___日

❸ 教师评价

_____。

签名:_____   _____年___月___日

五 技能考核标准

技能考核标准见表13-5。

技能考核标准表　　　　　　　　　　　　　　　　　表13-5

序号	项目	操作内容	规定分	评分标准	得分
1	准备工作	准备接车问诊表和维修工单	15	表格有准备,且准确;不符合标准酌情扣分	
2	客户接待及问诊	客户店内接待,自我介绍,倾听客户的故障描述	20	接待有礼、自我介绍准确;不符合标准酌情扣分	
3	查验车辆	查验车辆外观、故障等	30	查验仔细、认真、操作规范;不符合标准酌情扣分	
4	签订维修合同	根据查验结果预估费用、与客户签订合同	25	操作规范、标准;不符合标准酌情扣分	
5	安排客户休息	送别礼仪和基本动作	10	安排得当,操作规范;不符合标准酌情扣分	
	总分		100		

项目五　客户关系维系与管理

学习任务 14　填制保有客户信息管理表

学习目标

知识目标

1. 正确认识客户资料管理；
2. 明确客户信息管理流程。

技能目标

1. 掌握保有客户管理表的填写；
2. 掌握客户档案资料的收集；
3. 运用客户档案资料对客户信息进行整合和分析。

建议课时

2 课时。

任务描述

将所获客户信息填入《保有客户管理表》中，信息为：王冲，柳州某公司经理，生于1966年2月16日，三口之家，经济良好。他于2014年9月1日分期购入一辆琥珀色的宝骏730，首付率30%，分期期数为36个月，车牌号为桂BF××××，购车后在平安保险公司购买了车险，保险到期日为2015年9月10日。售后服务人员分别于购车后三天、一周、一个月内对王先生进行电话回访，内容包括售后服务跟踪，提醒回厂保养。

一 理论知识准备

（一）认识客户

客户可以指用金钱或某种有价值的物品来换取接受财产、服务、产品或某种创意的自然人或公司。是商业服务或产品的采购者，他们可能是最终客户、代理人或供应链内的中间人。

(1) 客户是公司重要的资产。

(2) 每个客户是独一无二的。

(3) 信息和知识是力量。

（二）保有客户信息收集流程

保有客户信息收集流程如图 14-1 所示。

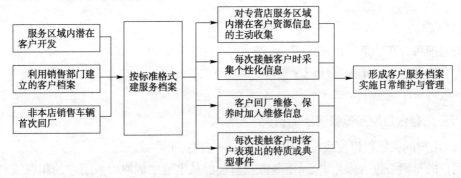

图 14-1　保有客户信息收集流程图

（三）保有客户信息收集内容

❶ 客户信息

姓名、手机、身份证号、职业、家庭住址、兴趣爱好等。

❷ 车辆信息

底盘号、车型、车牌号、发动机号、变速器号、车身颜色、购车日期、购车方式、车辆保险、首次保养日期及里程。

❸ 观察信息

客户学历、收入、单位及其地址、感兴趣的服务等。

❹ 回访信息

提醒回厂保养、服务活动、定期检查、售后服务跟踪、车辆年审、生日/节日问候、推荐购车、推荐保险、推荐精品、询问用车情况。

（四）保有客户档案信息管理步骤

❶ 市场、销售、售后、车间需要做的工作

(1) 利用各种手段、方式提供客户档案所需要的详细信息；

(2)随时关注车辆、驾驶人员等相关信息的变动更新；

(3)确保接车、结算系统内客户、车辆信息的准确性和真实性；

(4)辅助支持客服推行的各种活动。

❷ 客服需要做的工作

(1)根据接车、结算系统定期整理更新客户信息；

(2)根据市场、销售、售后、车间等提供的系统内的及系统外的各方面信息更新客户档案；

(3)并且利用客户档案辅助市场、销售、售后、车间进行各方面活动的开展。

❸ 保有客户档案信息管理步骤

(1)系统中导出所有的客户资料。

(2)进行筛选整理。

(3)分车型进行进厂记录整理。

①整理每台车的第一次进厂记录；

②在进行每一台车的累计记录整理；

③进行每个定点单位的每台车的第一次进厂记录。

(五)保有客户档案资料管理的意义

(1)用户的档案可以使我们给用户的服务更合身,更高效。

用户的车辆一进入服务中心,服务顾问就能够从电脑中调取出该用户的相应资料,能够知道该用户是老用户还是新用户,能够知道该车上次进行了什么样的维修,能够预测到本次应该进行什么维修保养,该用户是处在什么样的消费群体等。这样就能够在维修价格、维修质量、维修工期、付款方式、维修保养建议等方面与用户进行友好的沟通。

(2)用户的档案便于我们跟踪服务,使我们的经营由被动变为主动。

掌握用户的档案,我们就知道该车什么时候进行年审、季审、保险过期、驾驶证过期、下次维修保养等确切日期。如果我们在适当的时间开展这种"提醒服务",就可以体现我们服务中心的增值服务,可以提高我们服务中心的维修业务,可以提高用户对我们的满意度。我们的业务人员在跟踪服务过程中切记不要仅仅提醒用户下次检修的日期,一般跟踪要达到三个目标：

①对用户上次的惠顾表示感谢；

②了解用户对我们的服务是否满意,如果不满意,及时采取措施解决可能的问题；

③进行相应的"提醒服务"。

对我们企业来讲,通过我们的跟踪服务,我们会了解到用户的满意度、我们企业存在的问题,便于企业进行相应的经营决策和及时解决企业存在的问题。

(3)用户的档案便于正确处理好用户的投诉。

服务中心经常会有用户投诉,有的时候并不是由于我们的工作引起的,而是由于用户的使用不当或是偶然事件引起的,这些情况可以通过档案查获,就能够更好地对用户进行解释,使得我们重新赢得用户的满意,同时也避免了企业经济和名誉的损失。

二 任务实施

1 准备工作

准备《保有客户信息管理表》(表 14-1) 1 份。

保有客户信息管理表　　　　　　　　　　表 14-1

姓名		出生日期		性别	□男 □女	婚姻状况	□单身 □已婚
通信地址							
保有车型			上牌地址				
电话 1			电话 2		传真		
文化背景		性格特征		E-mail			
职务			单位性质		□国企 □外企 □合资 □民营 □其他( )		
单位名称				适合接洽时间			
意向来源	□来店 □走访 □外展 □电话 □其他( )			适合接洽方式			
家庭人数		主要成员		经济状况			
集团客户填写以下内容							
公司名称			行业		法人		
地址							
电话				传真			
联系人		职务		E-mail			
保有车型车牌号			车架号		车型		
车牌号			车色		使用频率		
出厂时间			交车时间		上牌时间		
金融机构		期数		分期 到期日		首付率	利率
担保公司		保险公司		投保日		保险到期日	
保单号		保修起始日		保修 截止日		车辆到港日	
索赔履历	1.		2.			3.	
	4.		5.			6.	
回访内容	1.提醒回厂保养　2.服务活动　3.定期检查　4.售后服务跟踪　5.车辆年审 6.生日/节日问候　7.推荐购车　8.推荐保险　9.推荐精品　10.询问用车情况 11.其他　12.致谢性回访						
预定日期	实际 访问日期		回访方式		经过(客户语言直录)		确认人
			□走访　□短信 □TEL　□DM				
			□走访　□短信 □TEL　□DM				
			□走访　□短信 □TEL　□DM				
			□走访　□短信 □TEL　□DM				

❷ 技术要求

(1)角色扮演:学生担任客户服务专员,对已购车客户信息进行收集整理。

(2)点评:互相点评,老师点评。

(3)客户信息管理流程(图14-2)。

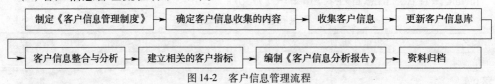

图14-2　客户信息管理流程

❸ 操作步骤

(1)第一步,确定客户信息收集的的内容(表14-1)所示,包括姓名、电话、购买车型及维修、索赔、投诉历史等客户相关信息在客户档案中收集。

(2)第二步,客户服务专员在销售全过程利用从各个阶段收集来的信息填进表14-1中,并进行信息维护。

(3)第三步,客户服务部信息管理人员对客户的具体信息进行整合、分析。

(4)第四步,客户服务专员将客户档案进行收集归档,以备其他部门查阅,同时也保证信息的统一管理。

三　学习拓展

(一)保有客户关系维护及提炼

❶ 确定目标客户、抓住关键人

我们应该会记住用户的生日、用户家庭成员的生日以及他们的住址电话等。应像建立大客户资料一样,对重点单位关键人的各方面资料作统计、研究,分析喜好。

❷ 真诚待人

真诚才能将业务关系维持长久。同客户交往,一定要树立良好形象"以诚待人",这是中华民族几千年来的古训。业务的洽谈、制作、售后服务等也都应从客户利益出发,以客户满意为目标调整工作,广泛征求客户意见,考虑其经济利益,处理客户运作中的难点问题,取得客户的信任,从而产生更深层次的合作。

❸ 业务以质量取胜

没有质量的业务是不能长久的。过硬的质量,是每项工作的前提。这要求充分理解客户需求,以良好的服务质量、业务水平满足客户,实现质量和企业利润的统一。

❹ 研究客户经营业务的发展动向

勤于钻研客户业务,才能另辟蹊径,找到客户发展和汽车营销业务的契合点,制造业务。

(1)研究重要客户、效益业务的年度计划。

(2)研究潜在客户的项目,寻求可合作内容。

❺ 加强业务以外的沟通,建立朋友关系

只有同客户建立良好的人际关系,才能博取信任,为业务良性发展奠定坚实的基础。

❻ 发出第一封感谢信的时间

第一封感谢信应向客户交车的 24 小时内发生。这样做的好处是：有可能在客户及新车尚未到家（单位）的时候，其家人（单位的同事）就已经通过这封精美的感谢信知道了。因为这封感谢信的作用，使大家不光知道了客户购车的消息，大家会恭喜他，更重要的是向大家传递了汽车销售公司或者专营店做事规范、令人满意、值得依赖的良好信息。

❼ 打出第一个电话的时间

在交车后的 24 小时内小汽车销售公司或专营店的销售经理负责打出第一个电话。电话内容包括：

（1）感谢客户选择了我们专营店并购买了汽车；
（2）询问客户对新车的感受，有无不明白、不会用的地方；
（3）询问客户对专营店、对销售人员的服务感受；
（4）了解员工的工作情况和客户对专营店的看法及好的建议，以便及时发现问题加以改进；
（5）及时处理客户的不满和投诉；
（6）询问新车上牌情况和是否需要协助。

最后将该结果记录到"调查表"里，以便跟踪。

❽ 打出第二个电话的时间

在交车后的 7 天内由售车的销售人员负责打出第二个电话。电话内容包括：

（1）询问客户对新车的感受；
（2）新车首次保养的提醒；
（3）新车上牌情况，是否需要帮助；
（4）如实记录客户的投诉并给予及时解决，如解决不了，则及时上报，并给客户反馈。

最后将回该结果记录到"调查表"里。

❾ 不要忘了安排面访客户

可以找一个合适的时机，如客户生日、购车周年、工作顺路等去看望客户，了解车辆的使用情况，介绍公司最新的活动以及其他相关的信息。

最后将面访结果记录到"调查表"里。

❿ 每两个月安排与客户联系一次

内容包括：保养提醒、客户使用情况的了解等。投客户的兴趣所好，选择适当的时机与客户互动，如一起打球、钓鱼等。通过这些活动增进友谊，变商业客户为真诚的朋友，协助解决客户的疑难问题等。

最后将联系结果记录到"调查表"里，以便跟踪。

⓫ 不要忽略平常的关怀

专营店经常举办免费保养活动，经常举办汽车文化讲座和相关的活动，新车、新品上市的及时通知，天气冷热等突发事件的短信关怀；遇客户的生日或客户家人的生日及时发出祝贺，客户的爱车周年也不要忘记有创意给予祝贺；遇到好玩的"短句"、"笑话"用 E-mail 或手机短信发送一下与客户分享；年终的客户联谊会别忘了邀请客户一起热闹一番等。

（二）让保有客户替你介绍新的客户

1 获得客户引荐，关键是你的声誉

要想得到引荐，必须得让别人觉得你值得引荐才行。这样就要和客户发展良好的关系。但这还不能说，在向客户做过一次交易后，就可以有下一次的机会。相反，你得挖掘客户的潜在价值，使你能够在他们的有生之年，一次次地向他们销售成功，也能把他们作为中心影响人物而获得被引荐的机会。

2 获得客户引荐，还有好的方法

要记住，你与客户的每一次联系都是在推广客户的业务。能够驾驭客户的想法是极其重要的，能让客户把你推荐给别人，只花了很少的时间，但却是有利的投资。

四 评价与反馈

1 自我评价

(1)通过本任务的学习你是否已经知道以下问题：

①是否掌握客户信息管理流程？

_____。

②能否正确填写保有客户信息管理表？

_____。

(2)是否正确掌握如何收集客户信息的方法？

_____。

(3)实训过程完成情况如何？

_____。

(4)通过本任务的学习，你认为自己的知识和技能还有哪些欠缺？

_____。

签名：_____　　_____年___月___日

2 小组评价

小组评价见表14-2。

小组评价表　　　　表14-2

序号	评价项目	评价情况
1	着装是否符合要求	
2	是否能合理规范填写预约表	
3	是否按正确流程操作	
4	是否遵守学习、实训场地的规章制度	
5	是否能保持学习、实训场地整洁	
6	团结协作情况	

参与评价的同学签名：_____　　_____年___月___日

❸ 教师评价

_____。

签名：_____   ____年___月___日

五 技能考核标准

技能考核标准见表 14-3。

技能考核标准表　　　　　　　　　　　　　　表 14-3

序号	项目	操 作 内 容	规定分	评 分 标 准	得分
1	准备工作	准备保有客户信息管理表1份，并做好详实记录	20	保有客户信息管理表提前准备；不符合标准酌情扣分	
2	信息收集	保有客户信息管理表填写细致、规范	20	客户信息填写正确无误；不符合标准酌情扣分	
3	客户信息分析	对客户的具体信息进行整合、分析	30	准确分析客户信息，开发新业务；不符合标准酌情扣分	
4	客户信息管理流程	熟练客户信息管理流程，完成客户信息归档任务	30	明确每个步骤要操作的内容；不符合标准酌情扣分	
		总分	100		

学习任务 15　客户维修满意度统计

 学习目标

 知识目标

1. 正确认识客户满意度和客户满意分析；
2. 明确客户满意度调查的方法。

★ 技能目标

1. 掌握如何让客户填写满意度调查表；
2. 掌握满意度调查表的分析，形成分析报告。

★ 建议课时

2 课时。

给到店进行车辆维修的客户填写满意度调查表,让客户从服务人员、服务态度、专业知识等方面给予公正合理的评价,以便更好的服务。

一 理论知识准备

(一)客户满意度调查

1 客户满意度的含义

客户满意是指客户对其明示的、通常隐含的或必须履行的需求或期望已被满足程度的感受。满意度是客户满足情况的反馈。它是对产品或者服务性能,以及产品或者服务本身的评价;给出了(或者正在给出)一个与消费的满足感有关的快乐水平,包括低于或者超过满足感的水平,是一种心理体验。

客户满意度是一个变动的目标,能够使一个客户满意的东西,未必会使另外一个客户满意,能使得客户在一种情况下满意的东西,在另一种情况下未必能使其满意。只有对不同的客户群体的满意度因素非常了解,才有可能实现100%的客户满意。

保持客户的长期满意度有助于客户关系的建立,并最终提高企业的长期赢利能力,取得最高程度的客户满意度是营销的最终目标。

2 客户满意度分析

广义上说客户满意度分析是包括从诸如客户满意调查、来自客户的关于交付产品质量方面数据、用户意见调查、业务损失分析、客户赞扬、担保索赔、经销商报告之类的来源等,形成客户满意分析报告。

3 客户满意度的"蝴蝶效应"

汽车销售企业利润来源于销售和售后,不论售前还是售后,无时无刻不在经历销售自己、销售服务、销售公司、销售品牌的各个过程中。因此,汽车销售人员在与客户接触的各个关键点,应全力提高客户满意度,取得客户信赖,发现潜在客户需求并满足这些需求,创造双赢局面,这就是商家倡导的更关注客户需求,强调在销售过程中让客户满意的顾问式销售信念。

汽车销售企业设置客户关怀专员这个岗位,客户满意度成为每个汽车品牌和厂家都在关注的一个工作指标,客户满意度提升将会给企业带来极大利润提升空间,因此,汽车销售人员一定要将提升客户满意度这个工作理念时刻放在自己工作过程中。

客户满意度的"蝴蝶效应"已经贯穿到企业与客户接触的各个环节,会给企业带来直接效益。

(1)100个高度满意品牌客户会带来25个新客户,使企业实现直接成本最小化销售;

(2)每一个高度满意品牌客户会与3~8人分享愉快经历,促进企业知名度、美誉度传播;

(3)获得一个新品牌客户成本是保持一个高度满意品牌客户成本的5~8倍,企业应

努力降低客户获取成本;

(4)每收到一次客户强烈抱怨及投诉就意味着有20名有同感的客户存在;

(5)96%的不满客户并不打算投诉,但这些不投诉客户会把不满告诉8~10人;

(6)以客户为中心导向的公司利润比非客户为中心导向公司利润高出40%~60%。

4 客户满意度调查种类、方法

(1)正式渠道:主要是公开、程序化的渠道,如客户投诉系统、客户满意调查即属此类。

(2)非正式信息渠道:是非公开的、隐蔽的信息渠道,如伪装购物法、微服出访、在客户中安排"眼线"、"卧底"等即属此类。

正式信息渠道的优点是程序化,弱点是太慢,另外由于面子、情感等因素的作用,客户有些不满不便表达。

非正式渠道的优点是快速,能得到来自客户的最隐秘的信息,弱点是非程序化,存在将个别客户意见普遍化倾向。营销经理要灵活驾驭这两条渠道,以非正式渠道弥补正式渠道的不足。

(二)客户服务绩效评价

1 企业运营状况、资源

企业的营收成长和获利增加与客户满意度和客户忠诚度的关系如图15-1所示。

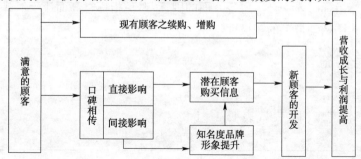

图15-1　企业的营收成长和利润提高与客户满意度的关系

2 盈利能力、服务对象

做好客户满意服务,可以省去很多事后弥补的成本。

根据统计争取一位新客户的行销成本相当于维系一位老客户的4~6倍的成本。比较起来,留住老客户的成本较低,利润也相对提高。

3 客户服务质量、工作质量

客户满意是在客户购买车辆整个过程后,衡量结果的重要指标。说明了解客户的想法后,如何提供超越客户期望值的超值服务,让客户满意,进而赢得客户的忠诚,创造双赢。

(三)客户服务管理及评价相关调查

1 常用评价标准

(1)提供服务的时限。这其中应考虑到:向客户提供服务的时限标准说明;车辆的维修过程应该花费多长时间为宜;在这个过程中,是不是需要根据车辆设定几个不同的时间标准;及时就意味着迅速高效。

(2)服务提供流程的合理性。即如何协调服务提供系统的不同部门,使它们之间相互配合、相互合作或相互整合。

(3)服务系统的适应性。系统的适宜程度或灵活程度如何,这一弹性能否按照不断变化的客户需求做及时调整。

(4)服务系统的预见性。例如对客户的需求是如何预测的,如何在客户尚未提醒之时,抢先一步,向他们提供所需服务。

(5)有效地信息沟通。如果服务系统内部以及企业和客户之间不能进行有效地信息沟通,那么服务提供系统就不能正常运作。

(6)良好的客户反馈系统。即系统如何了解客户的想法;客户反馈系统如何用于提高服务质量;如何知道客户是高兴还是不高兴,是满意还是不满意,是幸福还是不幸福;如何知道这个系统运行是否正常。

❷ 客户服务管理评价指标

客户服务管理考评指标分为定量指标和定性指标,包括服务能力指标、服务过程指标、服务绩效指标,定量指标包括客户投诉率、服务制度的多少、服务体系效率的高低、服务流程是否最优、修复率、二次修复率、废损率,定性指标包括工作态度、团队意识、协作精神。在制订具体指标时要综合考虑各方面的因素,避免指标过高而流于形式,同时又要避免指标过低而无法调动员工的积极性。

二 任务实施

❶ 准备工作

准备《维修满意度调查表》(表15-1)1份。

维修满意度调查表　　　　　　　　表15-1

尊敬的客户您好!感谢您选择我们团队对您的爱车进行维修保养。为了更好地给您提供服务,烦请您对本次进店经历,从服务人员,服务态度,专业知识等方面给予公正合理的评价。非常感谢您的配合!

1. 回顾您本次到站体验,您对我们所提供的服务总体满意度评价是?
　　□非常满意(100分)　□满意(75分)　□一般(50分)　□不满意(25分)　□很不满意(0分)
2. 在服务顾问交付您的爱车时,您对爱车的干净程度,您的评价是?
　　□非常满意(100分)　□满意(75分)　□一般(50分)　□不满意(25分)　□很不满意(0分)
3. 服务顾问对即将开展维修保养工作的解释说明,您的评价是?
　　□非常满意(100分)　□满意(75分)　□一般(50分)　□不满意(25分)　□很不满意(0分)
4. 服务站按照委托书要求正确地完成了保养工作及旧件展示,您的评价是?
　　□非常满意(100分)　□满意(75分)　□一般(50分)　□不满意(25分)　□很不满意(0分)
5. 在客休室等待的时间,对于我们所提供的服务,您的评价是?
　　□非常满意(100分)　□满意(75分)　□一般(50分)　□不满意(25分)　□很不满意(0分)
6. 服务顾问是否提醒您下次保养的时间、里程和24小时救援电话?□是(100分)　□否(100分)

请您提出宝贵意见:
喜欢的回访方式:□短信　□电话　□QQ _____　喜欢的回访时间段:_____
车牌:_____　　　　　　客户签字:_____

❷ 技术要求与注意事项

1）技术要求

（1）分组：客户组、客服组、市场组；

（2）要求：分组进行演练，准确运用学习过的原理，使用恰当的技巧和话术；

（3）点评：互相点评，老师点评。

2）汽车企业在调查维修满意度时注意事项

对于评价报告所列出的客户不满意项目，由市场部组织评价论证后填写纠正预防措施计划表，并负责对纠正预防措施效果进行跟踪确认，及时与客户沟通，取得客户的支持与信任，持续改进客户满意程度。

❸ 操作步骤

（1）第一步，给进店维修的客户填写《维修满意度调查表》；

（2）第二步，将填写的表格交到客服部门做统计分析，了解客户的满意程度，形成分析报告（表15-2）。

客户满意度分析报告　　　　　　　　　　　　　　　　表15-2

调查方法： 本次调查采用的方法是向客户发放满意度调查表，一共用了××天的时间，调查表反馈有效率××
客户满意度调查表统计： 本次调查按照维修记录，共发出的调查表××份，调查率为××%，收回××份，回收率占发出调查表的××%，调查数据有效。 在回收的调查表中，总体评价有×份客户满意度评定为很不满意
调查情况简介： 客户满意度是一种从客户角度客观对企业经营状况进行评价的一种手段，并一直被作为判断一个企业是否具有竞争优势的一种度量方法，也被作为度量商业经济运行健康状况的晴雨表； 为了更好地了解公司企业在客户心目中的满意度，扩大公司在市场上的影响性与产品占有率，我们组织了这次客户满意度调查，在全国调查数据收集上来以后，我们对每一个抽象指标的可靠性进行了分析，数据是比较可靠和稳定的
数据分析： 我们将客户满意度调查分为四级，即很满意，满意，较不满意，不满意，对应分数分别为：5分、4分、3分和1分。我们将按照客户的综合得分情况做出客户满意度及市场需求方面的判断及分析。 1. 本次调查表的回收率在××%，客户的平均总评满意率达××%，从中我们可以看到各客户对我司是满意的。 2. 从数据来看，××服务得分为很满意，但××得分相对较低。 3. 总结经验以后该如何做
调查总结： 从整体来看，客户对于我司维修评价是满意的。对于我们的弱项，××问题产生原因是××。因此我司需要有的放矢，扬长避短，客户满意的方面我们要稳定保持，不满意的方面还需要各部门努力合作改善！

编制		审核		批准	
日期		日期		日期	

三 学习拓展:汽车销售过程如何提高客户满意度案例

1 案例:奔驰公司客户识别

奔驰公司生产的汽车属于高档消费品,大多数能消费得起奔驰这一品牌的客户都居于社会上层,多数属于社会成功人士,愿意通过购买高价位的汽车来体现自身的身份。奔驰的车价有30多万到160多万人民币不等,消费的层次也呈现出档次化。奔驰的消费群体也出现复杂化,最终的客户包括私人购买者、同一单位的购买者(大客户)、汽车租赁公司等。

为了更好地识别客户的身份,奔驰公司做到的是要把客户的购车情况与个人的资料链接起来,这对于售后服务以及留住客户,推广产品都有极大的好处。

奔驰客户的识别标志是:姓名+身份证号码+电话号码。此标志要通过数据库同客户购买的汽车的编码联系在一起。数据库里记录着客户的购买时间,修理情况,对公司的建议等等情况。

采用这个识别标志可以在客户购买汽车的售后服务中能很好地识别出客户的购车的情况问题,在客户通过通信工具联系到客户服务后台时能第一时间获取客户的信息以便更有效开展售后服务工作。

思考并分析:奔驰公司的客户识别举措如何提高客户的满意度?

2 2013年度中国汽车综合满意度排名之中型车

相对更加卓越的性能、豪华的装备使得2013年的中型车(图15-2)取得了76.96分的综合满意度分数。其中奔驰E级取得了81.28的高分。而在产品满意度方面,奔驰E级、奥迪A6L和宝马5系三款豪车都超过了80分,分别为84.71分、81.99分和81.88分。但是,这三款豪车的服务满意度分数相对较低,其中最高分为奔驰E级(62.83分)。

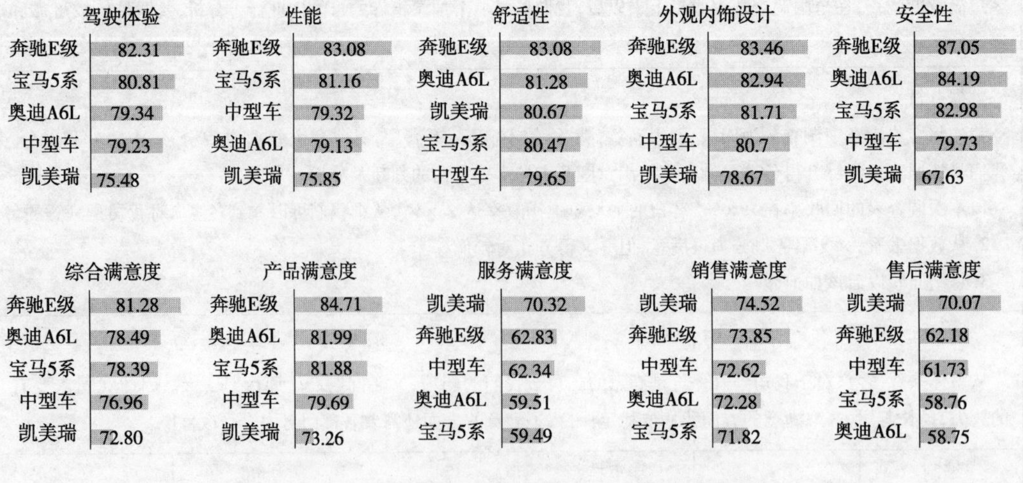

驾驶体验		性能		舒适性		外观内饰设计		安全性	
奔驰E级	82.31	奔驰E级	83.08	奔驰E级	83.08	奔驰E级	83.46	奔驰E级	87.05
宝马5系	80.81	宝马5系	81.16	奥迪A6L	81.28	奥迪A6L	82.94	奥迪A6L	84.19
奥迪A6L	79.34	中型车	79.32	凯美瑞	80.67	宝马5系	81.71	宝马5系	82.98
中型车	79.23	奥迪A6L	79.13	宝马5系	80.47	中型车	80.7	中型车	79.73
凯美瑞	75.48	凯美瑞	75.85	中型车	79.65	凯美瑞	78.67	凯美瑞	67.63

综合满意度		产品满意度		服务满意度		销售满意度		售后满意度	
奔驰E级	81.28	奔驰E级	84.71	凯美瑞	70.32	凯美瑞	74.52	凯美瑞	70.07
奥迪A6L	78.49	奥迪A6L	81.99	奔驰E级	62.83	奔驰E级	73.85	奔驰E级	62.18
宝马5系	78.39	宝马5系	81.88	中型车	62.34	中型车	72.62	中型车	61.73
中型车	76.96	中型车	79.69	奥迪A6L	59.51	奥迪A6L	72.28	宝马5系	58.76
凯美瑞	72.80	凯美瑞	73.26	宝马5系	59.49	宝马5系	71.82	奥迪A6L	58.75

图15-2 2013年度中国汽车综合满意度中型车排名

四 评价与反馈

❶ 自我评价

(1)通过本任务的学习你是否已经知道以下问题：

①是否会让客户填写满意度调查表？

_____

②是否正确掌握分析满意度调查表,形成分析报告？

_____

(2)是否正确掌握满意度调查的方法有哪些？

_____

(3)实训过程完成情况如何？

_____

(4)通过本任务的学习,你认为自己的知识和技能还有哪些欠缺？

_____

签名：_____　　_____年____月____日

❷ 小组评价

小组评价见表15-3。

小组评价表　　　　　　　　　　　表15-3

序号	评价项目	评价情况
1	着装是否符合要求	
2	是否会使用满意度调查表	
3	是否会形成满意度分析报告	
4	是否遵守学习、实训场地的规章制度	
5	是否能保持学习、实训场地整洁	
6	团结协作情况	

参与评价的同学签名：_____　　_____年____月____日

❸ 教师评价

_____

_____

签名：_____　　_____年____月____日

五 技能考核标准

技能考核标准见表15-4。

技能考核标准表　　　　　　　　　　　　　　　　　表 15-4

序号	项目	操 作 内 容	规定分	评 分 标 准	得分
1	准备工作	准备满意度调查表若干份，并做好详实记录	20	客户满意度调查表提前准备；不符合标准酌情扣分	
2	客户满意度调查表填写	帮助可会完成客户满意度调查表填写	20	客户满意度调查表真实有效；不符合标准酌情扣分	
3	客户满意度分析	根据满意度调查表的填写结果形成分析报告	30	分析报告数据准确，总结到位；不符合标准酌情扣分	
4	分析报告反馈和处理	对分析报告中做得不足、客户不满意的地方进行汇报和改进	30	对客户不满意的地方处理及时、有效；不符合标准酌情扣分	
		总分	100		

学习任务 16　交车三天后客户回访情境模拟

 学习目标

 知识目标

1. 正确认识客户回访目的；
2. 明确汽车企业售后跟踪回访流程。

技能目标

1. 掌握如何填写客户回访记录表；
2. 灵活运用客户回访技巧。

建议课时

2 课时。

 任务描述

曾女士于 2014 年 11 月 11 日购买了一辆宝骏汽车，销售顾问于三天后（2014 年 11 月 14 日）对其进行回访。曾女士对购车当天销售人员的服务态度不是很满意，希望相关部门进行整改，销售顾问对曾女士反映的问题进行填写回访表。

项目五 客户关系维系与管理

一 理论知识准备

（一）保有客户售后跟踪回访操作流程

新车售后跟踪回访操作流程如图16-1所示。

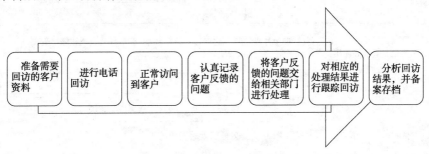

图16-1 客户售后跟踪回访操作流程

（二）交车三天后向客户发出邀请函并致电

根据档案资料，业务人员定期向客户进行电话跟踪服务。跟踪服务的第一次时间一般选定在客户车辆出厂二天至一周之内。

跟踪服务内容有：询问客户车辆使用情况，对我公司服务的评价，告知对方有关驾驶与保养的知识，或针对性地提出合理使用的建议，提醒下次保养时间，欢迎保持联系，介绍公司最近服务的新内容、新设备、新技术，告之公司免费优惠客户的服务活动。做好跟踪服务的纪录和统计。通话结束前，要致意："非常感谢合作！"

交车三天后回访话术（图16-2，C为客户，M为业务人员）

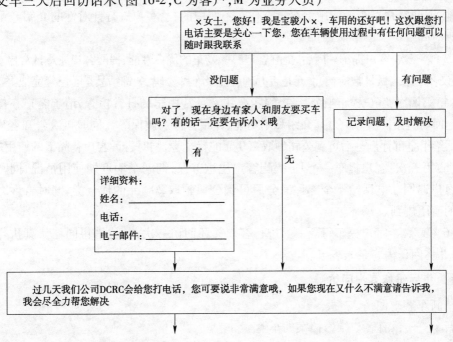

图 16-2

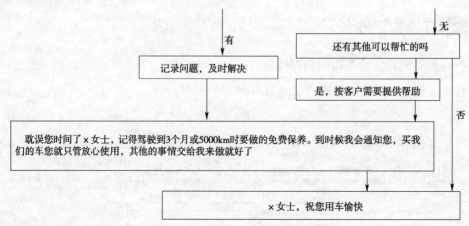

图 16-2 交车三天后回访话术

(三)售后跟踪回访方法

1 保有客户回访

通过六次回访要求真诚的同客户进行沟通交流和关心,让销售人员(您)同客户的关系不再陌生,同客户成为朋友。通过提醒客户注意体验我们车的性能,告知用户车辆的使用知识,提醒首保、年检、续保等服务,提高用户满意度。更重要的是可以由此获得良好的口碑,提高品牌的美誉度,提高客户的转介绍率。

(1)第一次:客户提车后刚到家(约在提车 3h 后)询问:是否安全到家? 提醒车辆使用注意事项,然后发送购车感谢短信。

(2)第二次:客户提车三天后,提醒客户感受爱车优良性能,提醒客户注意日常检查和其他,询问客户对车辆使用上有没有什么不明白的,给客户进行针对性的介绍。预约牌照办理时间。

(3)第三次:客户提车一周后,提醒客户感受爱车的优良性能,提醒客户注意日常检查和其他,建议客户来店做日常检查,询问是否办理牌照及车牌号码、装饰精品是否已经完成等。

(4)第四次:客户提车半个月,提醒客户注意日常用车的日常检查,请求客户在接受其他部门回访时给评满分(合影、介绍私用功能、介绍首保及质保等),同时再次告知客户遇回访电话给予全部评满分后可到公司领取 200 元的代金券,同时告诉客户礼品卡的使用规则。

(5)第五次:客户提车一个月,提醒客户注意首保,询问车辆近期使用情况,同时再次告知客户遇回访电话给予全部评满分后可到公司领取 200 元的代金券,同时告诉客户礼品卡的使用规则。

(6)第六次:客户提车每隔一月进行客户关怀回访一次;各位销售同仁认真执行六次回访,并将回访内容录入表卡。

2 售后维修客户回访

1)新车客户回访

新车——没有客户维修档案的车辆。

要求:服务用语规范:语音亲切、友好、自然。语速不可太快,服务内容介绍要熟练,专业术语要准确。例如:您好,我是××汽车特约维修站×××,您在×月×日在××4S店购买了一部×××(所购车型),您的车现在行驶了多少千米?是否做过首保?

2)首保

车辆行驶2500km在维修站做第一次保养。内容包括更换机油、机滤、齿轮油,还有根据首保检查单做全车免费检查。

(1)做过首保的车辆。

询问:在哪个维修站做的首保?提醒客户第二次保养在7500km以及第二次保养的项目;告诉客户维修站的24小时服务热线、维修站地址。

例如:您的车做过首保吗?在哪个维修站做的?欢迎您在行驶到7500km时到我们维修站进行保养,我们的服务热线是×××××,地址:×××××。

(2)没有做过首保车辆。

"您的车行驶2500km需要进行第一次保养","首保主要更换机油和机滤、齿轮油并对全车进行免费检查","欢迎您的光临,希望我们的服务使您满意"。

3)对于在我厂维修过的车辆

维修后的车辆,要分类进行回访,包括总成大修、小修、返修车辆等。

回访内容有维修质量、服务态度、修理价格、配件价格、车辆性能等。

(1)总成大修车辆:

第一次3天内,第二次半个月内,第三次2个月内进行电话跟踪服务。

属于发动机、变速箱大修要提醒客户使用注意事项。

(2)小修车辆。

小修车辆回访量要做到总成大修回访量的30%。

回访清单由服务顾问提供给IT信息员,小修车辆1周内进行电话跟踪服务。

客户反映的服务方面的问题,做好记录,报维修站站长。

属于维修质量的问题,由服务顾问同客户解释,对提出的问题记录报服务经理。

4)电话跟踪服务的好处

(1)最有效的销售手段之一;

(2)征求满意程度、表达感谢、转达关心;

(3)得到忠实用户,提高了自身形象;

(4)对不满意情况及时沟通,消除分歧,避免用户将不满意告诉别人或不再惠顾;

(5)对于有些经销商未意识到但对于用户非常重要的不足引起重视。

5)电话跟踪服务

打电话时为避免用户觉得他的车辆有问题,建议使用标准语言及标准语言顺序,发音要自然、有善。不要讲话太快,一方面给没有准备的用户时间和机会回忆细节,另一方面避免用户觉得你很着忙。不要打断用户,记下用户的评语(批评、表扬)。

(四)与客户进行回访时的主要事项

(1)首先要调整好情绪,声音听上去应该友好、自然,以便能很快取得客户的信任,客户便能和你坦率地说话。

（2）客户一般不会觉得自己的认识有什么大问题，因此应使用推荐的介绍，进行正面引导、提醒，让他们感受到公司的专业性。

（3）要给那些没有准备的客户时间，以便他们能记起细节。说话不应太快，不应给客户留下"你正匆匆忙忙"的印象。

（4）一定要让客户把要说的话说完，不要打断他。对他说的话作简要而又清楚的记录。不说批评的话语，对客户的评述与表扬也作记录。

（5）如果客户抱怨的话，不要找借口。只要对客户解释说：你已经记下了他的话；如果客户乐意的话，要确保我们的顾问会再打电话给他。客户有的问题解决后要在第一时间里及时回访客户，告知处理结果，表示对问题的重视。

（五）了解跟踪回访目的

❶ 向客户传达期望

减少或消除客户的误解、抱怨，让客户在离开之后仍能感受到销售服务店对他的关心和尊重。

❷ 衡量员工创造价值

通过对接受我们服务的客户进行定期回访，来查找我们工作中的失误和问题产生的原因，及时改进提高。从而与客户建立更加牢固的关系，以增加客户的忠诚度。

❸ 激励价格竞争转向服务竞争

了解客户用车情况，确保客户满意度，维护品牌和销售人员的信誉，维系基盘客户，提高进行二次消费的可能性，扩大汽车销售量。

❹ 提高服务质量

通过客户回访能够准确掌握每一个客户的基本情况和动态，处理好与客户关系，获取客户满意，以提高服务质量。

二 任务实施

❶ 准备工作

（1）准备《客户回访记录表》（表16-1）1份。

客户回访表　　　　　　　　　　　　　　　表16-1

客户回访表					
客户姓名		购买车型		联系电话	
预计回访时间			实际回访时间		
工作人员联络	有　　无		车牌号码		
车辆问题					
回访摘要					
备注					
回访人				销售顾问	

(2)查阅C卡中客户基本信息,包括姓名、电话、购买车型及维修、索赔、投诉历史等。

2 技术要求与注意事项

1)技术要求

(1)分组:客户组、销售顾问组。

(2)要求:互相扮演客户及销售顾问,客户叙述购买车辆要求,销售顾问注意倾听,进行倾听技巧测验,准确运用学习过的原理,使用恰当的技巧和话术。

(3)点评:互相点评,老师点评。

2)客户回访注意事项

我们在客户回访过程中需注意以下事项:

(1)跟踪电话时,要文明礼貌,尊重客户,在客户方便时与之通话,不可强求;

(2)跟踪电话要有一定准备,要有针对性,不能漫无主题,用语要简明扼要,语调应亲切自然;

(3)要善于在交谈中了解相关市场信息,发现潜在维修服务消费需求。并及时向业务主管汇报。

3 操作步骤

(1)第一步,填写《客户回访记录表》(表16-2)。

客户回访表 表16-2

客户回访表					
客户姓名	曾女士	购买车型	宝骏730	联系电话	136××××××××
预计回访时间	2014年11月14日		实际回访时间	2014年11月14日	
工作人员联络	有	无	车牌号码		
车辆问题:					
回访摘要:销售顾问是否对您所购车辆讲解仔细? 是　否　其他					
有无人员对你的车辆讲解说明如何保养并留下名片? 有　无					
是否满意他们的服务态度?					
备注:					
回访人			销售顾问		

(2)第二步,实施要点。

①安静的电话回访环境;

②齐全的客户档案;

③回访人员具备一定的维修常识;

④接听电话技巧和沟通技巧。

三 学习拓展:

(一)汽车销售大王乔·吉拉德的故事——建立客户档案

更多地了解客户,乔说:"不论你推销的是任何东西,最有效的办法就是让客户相信——真心相信——你喜欢他,关心他"如果客户对你抱有好感,你成交的希望就增加了。要使客户相信你喜欢他、关心他,那你就必须了解客户,搜集客户的各种有关资料。乔中肯地指出:"如果你想要把东西卖给某人,你就应该尽自己的力量去收集他与你生意有关的情报——不论你推销的是什么东西。如果你每天肯花一点时间来了解自己的客户,做好准备,铺平道路,那么,你就不愁没有自己的客户。"

刚开始工作时,乔把搜集到的客户资料写在纸上,塞进抽屉里。后来,有几次因为缺乏整理而忘记追踪某一位准客户,他开始意识到自己动手建立客户档案的重要性。他去文具店买了日记本和一个小小的卡片档案夹,把原来写在纸片上的资料全部做成记录,建立起了他的客户档案。乔认为,推销员应该像一台机器,具有录音机和电脑的功能,在和客户交往过程中,将客户所说的有用情况都记录下来,从中把握一些有用的材料。乔说:"在建立自己的卡片档案时,你要记下有关客户和潜在客户的所有资料,他们的孩子、嗜好、学历、职务、成就、旅行过的地方、年龄、文化背景及其他任何与他们有关的事情,这些都是有用的推销情报。所有这些资料都可以帮助你接近客户,使你能够有效地跟客户讨论问题,谈论他们自己感兴趣的话题,有了这些材料,你就会知道他们喜欢什么,不喜欢什么,你可以让他们高谈阔论,兴高采烈,手舞足蹈——只要你有办法使客户心情舒畅,他们不会让你大失所望"。

(二)一照、二卡、三邀请、四礼、五电、六经访

❶ 怎么做

淡化买卖关系,加强朋友关系;嘘寒问暖,谈天说地,邀约活动,温馨提示;电话一开始不要直接谈车,聊点其他内容。

❷ 话术

(1)××先生(小姐),您好!好久没联系了,打个电话问候一下。

(2)好久没听到您的声音了,最近生意很好吧?

(3)最近股市很火爆,你这么厉害一定赚了不少,能否教我一下或介绍几个绩优股给我啊?

(4)××先生(小姐),您好,好久没见你了!我们这周末店里有个活动特邀请你来参加,特别为您准备了小礼物,咱们见个面。

❸ 案例——每月一卡

真正的销售始于售后。乔有一句名言:"我相信推销活动真正的开始在成交之后,而不是之前。"推销是一个连续的过程,成交既是本次推销活动的结束,又是下次推销活动的开始。推销员在成交之后继续关心客户,将会既赢得老客户,又能吸引新客户,使生意越做越大,客户越来越多。

"成交之后仍要继续推销",这种观念使得乔把成交看作是推销的开始。乔在和自己的客户成交之后,并不是把他们置于脑后,而是继续关心他们,并恰当地表示出来。乔每月要给他的1万多名客户寄去一张贺卡。一月份祝贺新年,二月份纪念华盛顿诞辰日,三月份祝贺圣帕特里克日……凡是在乔那里买了汽车的人,都收到了乔的贺卡,也就记住了乔。

正因为乔没有忘记自己的客户,客户才不会忘记乔·吉拉德。

(三)新客户与保有客户对比

一组来自权威研究机构的数据:争取一个新客户的成本是抱住一个老客户所花费的8倍;一个企业只要比以往多留住5%的老客户,则利润可增加25%以上;向一个新客户推销产品的成功率15%,而对一个老客户而言差不多能达到50%。

这就是说,一个公司应该"剔除"其最没有价值意义的客户以减少公司客户管理成本。所以与其耗费大量精力和成本追逐每一个客户,不如先明智地预先识别客户,定位客户群之后再低成本、高效率地挖掘那高价值、高潜力的优质客户,然后再通过不同方式对老客户进行感情投入,维系高价值客户的忠诚度,这样就能为公司带来持续的客源和更好的信誉度以及美誉度。

四 评价与反馈

❶ 自我评价

(1)通过本任务的学习你是否已经知道以下问题:

①是否了掌握如何填写客户回访表?

_____。

②是否掌握客户回访流程?

_____。

(2)是否明确客户回访的目的和技巧?

_____。

(3)实训过程完成情况如何?

_____。

(4)通过本任务的学习,你认为自己的知识和技能还有哪些欠缺?

_____。

签名:_____   _____年___月___日

❷ 小组评价

小组评价见表16-3。

小组评价表　　　　　　　　　　　　　　　表16-3

序号	评价项目	评价情况
1	着装是否符合要求	
2	是否正确填写好客户回访表	
3	是否按照回访流程操作	
4	是否遵守学习、实训场地的规章制度	
5	是否能保持学习、实训场地整洁	
6	团结协作情况	

参与评价的同学签名:_____   _____年___月___日

3 教师评价

_____。

签名：_____　　　____年___月___日

五 技能考核标准

技能考核标准见表16-4。

技能考核标准表　　　　　　　　　　　　　　　表16-4

序号	项目	操作内容	规定分	评分标准	得分
1	准备工作	准备客户回访表1份，并做好详实记录	10	客户回访表提前准备，填写细致、规范；不符合标准酌情扣分	
2	客户回访技巧	正确运用回访技巧	20	回访技巧使用得当；不符合标准酌情扣分	
3	回访话术	正确使用回访示范语句	30	回访语句使用得当；不符合标准酌情扣分	
4	回访流程	正确掌握回访流程	30	按正确流程回访客户；不符合标准酌情扣分	
5	客户回访	电话回访客户满意度	10	客户回访满意；不符合标准酌情扣分	
	总分		100		

学习任务17　新车交付一周后客户回访

学习目标

知识目标

1. 理解客户对售后跟踪的期望及售后跟踪的目的；
2. 学会保有客户售后跟踪回访管理原则及常用方法；
3. 掌握售后跟踪的主要流程。

技能目标

1. 灵活运用电话跟踪的流程和步骤进行客户电话回访；
2. 掌握《回访记录表》的填写方法。

建议课时

4课时。

李先生在一汽丰田4S店新购了一辆2013款2.5V尊锐版锐志,一周后,他的销售顾问张华给他去电进行售后跟踪回访。

一 理论知识准备

(一)客户对售后跟踪的期望

客户期望购车之后,销售人员还能适当关心他,经销店还能提供持续的贴心服务,让他能放心用车。针对客户这种潜在的心理期望,销售人员必须做好售后跟踪服务工作,以使得销售工作能向外延伸,增加客户购车的附加值。

(二)售后跟踪的目的

通过良好的售后跟踪活动可加深客户对本品牌、公司、销售人员个人的印象,保持客户满意,提升客户服务水平。同时通过客户推介,达到再次销售的目的。只有老客户推荐新客户的良性循环得以实现,销售利益才会持续长久。

(三)保有客户售后跟踪回访管理原则

1 交车一周内按约定时间与客户联系询问车辆情况

(1)保有客户售后跟踪准备工作。
查阅客户基本信息,包括姓名、电话、购买车型及维修、索赔、投诉历史等。
(2)介绍维修服务种类。

2 交车一个月内再次与客户联系时或事后记录联系客户

(1)客户姓名、时间、客户对销售过程和车辆满意情况;
(2)客户愿意选择的跟踪方法。

(四)保有客户售后跟踪常用方法

1 电话、短信

回访对象必须是各种类型(用户类型、订单类型)的客户,对象越多越有代表性。

2 拜访

定期拜访团购客户,会让团购客户感觉企业对他们的重视与关注,而且能有效提高这部分群体的满意度,与他们保持经常的密切的联系,既可以销售更多的服务和零配件,而且还可以通过他们的影响力获取他们朋友圈内更多有价值的潜在客户信息。

3 书信、E-mail

为表对客户的关怀,购车后企业使用的函件或E-mail的内容一般包括:购车致谢函、公司免费保养通知函、定期保养通知函、车况问询函、回厂维修致谢函,车检、续保促进函、换购新车促进函、业务代表接替服务告知函等。

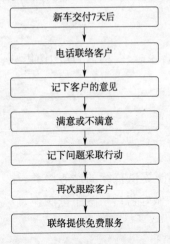

图17-1 售后跟踪主要流程图

（五）售后跟踪的主要流程

以电话进行售后跟踪为例介绍（图17-1）。

（六）任务描述解决方案参考模板

任务描述解决方案话术技巧参考模板（S为销售顾问，A为客户）。

S：李先生您好！我是一汽丰田4S店的销售顾问张华，您还记得我吗？

A：记得记得，小张嘛。

S：李先生您的记性真好！很抱歉打扰您5分钟左右的时间想对您的爱车使用情况进行一个回访，您看方便吗？

A：可以的。

S：请问您的爱车提车一周后车辆使用一切都正常吧？还有哪些问题需要帮助您解决的吗？

A：车子用起来还是很不错的，就是原装的车载导航反应有些迟钝。

S：很抱歉，因车子的问题给您带来不便望您谅解。那李先生您看什么时候方便与小张联系，小张将提前安排维修技师为您免费检查车载导航系统？

A：那就本周五下午三点吧。

S：好的！那您还有其他不太清楚的地方吗？

A：暂时没有了，如有问题我再打电话或者去店找你咨询如何？

S：行的，随时欢迎您！

A：好的。

S：李先生，我们也希望您能把身边的朋友介绍到我们4S店来，以便我们能为他们提供优质的服务。

A：上周我家的小舅子看到我的车觉得挺中意的，正想年前换部新车。

S：真是太好了！那李先生您方便把您亲戚的联系方式给我吗？我们将以周到的服务为他选购一款令他满意的新车。

A：不好意思，暂时还不能告诉你，待我经得他允许了，再告诉你吧！

S：好的。非常感谢您的帮助，为了答谢您和您朋友对我们的支持与信任，我们公司年底特别制订了一些优惠措施，若您的朋友在我们店购车成功，他就可以额外获得免费洗车卡一张，而您将获赠价值5000元的优惠大礼包，其中包括全车贴膜、脚垫、抱枕、坐垫、底盘装甲。年终优惠一年就一次噢，心动不如行动，您是不是想尽快和您小舅子一起来分享这个好消息呢？

A：这个优惠不错，我再考虑考虑。

S：您放心，您介绍过来的亲戚和朋友来店了解我们品牌的汽车不买也没关系。买车怎能将就？

A:好的,非常感谢你提供的信息。

S:不客气。如果李先生对小张此次的电话回访服务满意,请给小张"10分"评价,谢谢!

A:好的!

二 任务实施

❶ 准备工作

准备回访记录表1份。

❷ 技术要求与注意事项

1)技术要求

(1)分组:将全班同学按角色扮演法分成客户组和销售顾问组两大组,每两位同学为一学习小组。

(2)要求:互相扮演客户及销售顾问,销售顾问询问交车一周后客户购买车辆使用情况,销售顾问注意倾听,灵活运用学习原理,使用恰当的话术进行有效沟通。

(3)点评:学生交叉点评,教师综合点评。

2)客户回访注意事项

基本话术主要围绕几点进行:

(1)车辆使用情况;

(2)是否还有不会使用的功能;

(3)有新的疑问可随时联系;

(4)寒暄,让客户推荐朋友进行二次销售。

若回访过程中客户主动提出未解决的疑问,因第一时间安抚并想办法解决客户疑问。

❸ 操作步骤

(1)第一步,请按理论知识准备中的参考话术提示展开电话回访任务演练。

(2)第二步,填写《回访记录表》(表17-1)。

回访记录表　　　　　　　　　　　表17-1

日期:　　　　　　　销售顾问姓名:　　　　　　　序号:

选定的客户			电话询问的结果					结论	
销售顾问	客户姓名	车型	无不足之处	1 是否有疑问未解决	2 是否愿意推荐朋友购买	3 ……	4 ……	客户评价(表扬、批评、抱怨、投诉、建议)	回电话
购车日期	联系电话	车牌号					5 ……		由谁完成 完成否
1									
2									

续上表

选定的客户			电话询问的结果						结论	
销售顾问	客户姓名	车型	无足之处	1 是否有疑问未解决	2 是否愿意推荐朋友购买	3 ……	4 ……	5 ……	客户评价（表扬、批评、抱怨、投诉、建议）	回电话	由谁完成
购车日期	联系电话	车牌号								完成否
3										
4										
5										
6										

三 学习拓展：电话跟踪的应对方法及结果处理

（一）新车交车后电话跟踪应对方法

在交车后七天内和客户电话联系。

（1）如果客户在百忙之中愿意接受电话回访，在电话中需感谢客户花时间与你交谈；感谢客户购车；询问迄今为止的用车感受及对销售店服务的感受。业务代表填写《销售调查表》，并于每月统计一次，编制《专营店销售调查结果统计表》。

（2）如果客户对销售店和车的感受均为满意，则：感谢客户的支持，询问客户是否还有需要帮助解决的问题，而你可表示今后如遇到任何问题随时都可以帮助解决。确认客户今后愿意进行联系的方式，充分抓住机会，请客户推荐有购车意向的潜在客户。

（3）如果客户对车或专营店不满，则：让客户大胆地说出自己的不满，并先对客户表示歉意，并重述一遍客户表达的意见，把客户的不满或投诉作为优先处理事项。如有需要，可寻求其他员工帮助。

（1）弄清客户不满或投诉的原因。

（2）提供解决方法来消除客户的不满情绪。

（3）询问客户解决方法是否可接受。

（4）如果不能做出立即回复的处理，告知客户会将其意见反馈给主管部门，并承诺在一定时间内回电回复。

（二）售后跟踪结果的处理

在售后跟踪中如果客户给予的是满意评价，销售顾问仍然需将结果进行记录，并提醒客户按时进行车辆维护检查。

如果客户给予的是不完全满意评价，销售顾问则需将不满意的意见如实记录在客户档案中。并与相关主管部门协商解决的方法以达到客户满意,解决方法也需记录在客户档案上。若无法立即拿出处理意见的请客户谅解,并承诺客户在一定期限内必须给予答复。

四 评价与反馈

❶ 自我评价

(1)通过本任务的学习你是否已经知道以下问题:

①是否理解客户对售后跟踪的期望及售后跟踪的目的?
_____

②是否学会了保有客户售后跟踪回访管理原则及常用方法?
_____

(2)是否掌握售后跟踪的主要流程?
_____

(3)实训过程完成情况如何?
_____

(4)通过本任务的学习,你认为自己的知识和技能还有哪些欠缺?
_____

签名:_____   ____年____月____日

❷ 小组评价

小组评价见表17-2。

小组评价表   表17-2

序号	评价项目	评价情况
1	销售顾问是否按照步骤提示完成电话回访的演练	
2	销售顾问语言组织是否流畅	
3	销售顾问是否能正确填写《回访记录表》	
4	团队的协作	
5	电话回访是否达到预期效果	

参与评价的同学签名:_____   ____年____月____日

❸ 教师评价

_____
_____

签名:_____   ____年____月____日

五 技能考核标准

技能考核标准见表17-3。

技能考核标准表　　　　　　　　　　　表17-3

序号	项目	操 作 内 容	规定分	评 分 标 准	得分
1	准备工作	思想准备,回答问题准备;准备《回访记录表》	10	销售顾问表现自信;表单准备齐全;不符合标准酌情扣分	
2	电话回访演练	按客户电话跟踪的流程和步骤提示完成电话回访的任务	40	流程完整,语言流畅,让保有客户推荐新客户来店购车成功,客户评价;不符合标准酌情扣分	
3	填写相应表单	填写《回访记录表》	20	项目填写完整,及时交由相关部分处理;不符合标准酌情扣分	
4	处理客户问题	在电话回访过程中能灵活应对客户提出的各种问题	20	能即时准确回答客户提出的用车疑问;语言表达通俗易懂,简单明了;不符合标准酌情扣分	
5	预期效果检查	是否在有限的时间里完成流程内容,并处理好客户相关问题	10	时间把握,完成效果;不符合标准酌情扣分	
	总分		100		

学习任务18　新车交付3个月后拜访客户

学习目标

知识目标

1. 了解拜访客户前准备工作的重要性;
2. 掌握拜访客户前的准备内容。

技能目标

1. 能灵活运用客户交谈技巧成功拜访客户;
2. 正确填写《保有客户管理卡》、《营业活动访问日报表》。

建议课时

2课时。

任务描述

邢经理是柳州东风本田4S店的大客户,三个月前为企业新购了3部2014款杰德1.8LCVT豪华尊享版5座新车,为表示对大客户的感谢,4S店决定派当时服务于邢经理的销售顾问张华前往拜访。

一 理论知识准备

(一)拜访前准备工作的重要性

(1)有利于进一步审查客户信息,确定目标访问对象,提高拜访效率;
(2)有利于提高公司品牌形象,提升服务水平;
(3)有利于拜访人员制订具有针对性的面谈计划;
(4)有利于更新客户数据库。

(二)拜访客户前的准备内容

❶ 姓名

拟拜访客户的姓名是准备的第一个资料。人们对姓名比较敏感,切记个别人选用的少见难读之字一定要事前弄清楚发音,以免惹尴尬。例如:"卜"经理,"卜"字姓氏音要读准。

❷ 年龄

拜访前能了解客户真实的年龄,便于分析、研究、把握客户的心理,制订有效的接近策略。如能准确了解客户生日并提前送上祝福更能获取意想不到的收获。

❸ 性别

不同性别可派出合适的拜访人员以达预期效果。

❹ 学历和文化水平

不同文化水平的人会有不同个性差异和需求特征,提前了解可做好相关谈话准备。

❺ 职业

职业在一定程度上反映了客户的社会地位、收入和朋友圈,了解客户职业可提前准备相关话题拉近彼此间的距离。

❻ 兴趣爱好

兴趣和爱好不仅可以作为接近和面谈的话题,而且还可以成为交朋友、促合作的媒介。

❼ 所购车辆的相关信息

做好客户相关用车疑问的准备。

⑧ 是否有投诉未处理

及时清理客户未处理的抱怨或投诉,属于重大的需当面致歉并告知处理结果。

⑨ 其他

比如拜访对象、时间、地点、事由的确定。

(三)与客户交谈的技巧

(1)以诚恳、专注的态度听取客户对汽车产品、服务的意见。在客户倾诉不满过程中要面向客户,适时点头回应,不管造成不满的原因在于何方都要先听,说到重点时还需用笔记录以示对客户的尊重。

(2)现场确认自己理解的事实是否与对方所述一致。为避免误会的产生,回访员在倾听过程中有不明白之处需即时向客户确认。

(3)虚心接受客户提出的意见或建议,并对客户的大力支持表示衷心感谢,离开时还可馈赠小礼品。

(4)站在客户的立场考虑问题,以获取客户的信任。

(四)定期与客户进行联络

(1)做好计划,通过电话、信件与客户保持联系,将联系工作规范化。

(2)重视与已购客户建立日常联系。

(3)每次售后跟踪后,将新的客户信息填入C卡,及时更新。

(4)C卡为经销店的重要资源,应设定相应的归档及转接手续,以保持长期的客户满意度。

(5)交车后每3个月亲自拜访或电话访问客户一次,以确保和客户建立持续发展的关系。并填写《营业活动访问日报表》,客户询问情况录入《保有客户管理卡》,向客户问候致意,关心客户的工作及家庭情况,帮助客户解决车辆使用问题,提醒客户有关定期维护服务及预约,并适机请客户推荐新客户。

(6)交车后第12、第24个月亲自拜访或电话访问客户,巩固已建立关系,并填写《营业活动访问日报表》,客户访问情况录入《保有客户管理卡》,向客户问候致意,关心客户的工作及家庭情况,协助客户解决车子使用问题。招徕续保,适机请客户推荐新客户。

(7)交车后第36、第48、第60个月亲自拜访或电话访问客户,维护客户关系,并填写《营业活动访问日报表》,客户访问情况录入《保有客户管理卡》,向客户问候致意,关心客户的工作及家庭情况,协助客户解决车子使用问题,邀请客户做车检前整备及续保,借客户对使用车辆好感时,请他推荐新客户,并引导其换购新车的意愿,促进其购买新车。

(8)经常以短信等方式向客户提供最新的有附加值得信息,如新车、新产品信息、售后服务信息等。寻求客户来店机会,与客户保持长期的稳定的关系促其购买新车或推荐朋友购买新车。

(9)每年客户生日向客户发送祝福短信。

(五)任务描述解决方案参考模板

任务描述解决方案模板(S为销售顾问,A为客户)。

S:邢经理您好！非常感谢您能在百忙之中接受我们的售后跟踪回访，对您的支持我谨代表公司表示由衷的感谢。您真是太有眼光了，为公司挑选的三辆车很是与众不同，在同级别的车型中，性价比较高，很适合一般商务所用。到目前为止您和公司员工对车辆的使用还满意吗？

A:车的使用没啥问题，有点遗憾就是打售后服务热线，经常占线的，昨天我正想电话过去预约车辆体检一次，以便下周的长途用车没有问题。可是一直打不进。

S:很抱歉，那您可否把详细情况告诉我呢？以便及时与主管部门反馈。

A:昨天下午我在3点左右电话过去，打了不下4次电话一直占线，气死我了！

S:哦，原来如此。您是说昨天下午打电话到售后服务部一直都在占线对吧？

A:对啊，真是急死人了！

S:不好意思，给您的工作带来了困扰。接近年边，很多客户都抓紧时间将自己的爱车送店进行维修保养，您电话过来不巧又碰上了售后服务部门的服务工作高峰期，导致了电话占线的频率增多。很谢谢您的提醒，您的建议正是我们改进和努力的方向。我把这情况记录下来了。我回到店一定第一时间上报相关主管部门，相信类似的情况很快就会得到妥善解决。

A:希望下次你们做得好些。

S:一定！我们以后会注意，尽量避免此种情况的发生。邢经理，恭喜您的团队在2014年取得的业绩比2013年又翻了一倍，您带领的团队真是很出色啊。刚进贵公司大厅，我就被贵公司2014年的大事记给吸引了，跳跃的增长数据真是可喜可贺啊。

A:哪里哪里！这是大家共同努力的结果。

S:邢经理那您看车辆使用方面还有哪些疑问需要小张为您解决的？

A:暂时没有了。

S:如果没有，那小张今天就先打扰您到这。为了感谢您对我们公司的支持与信任，这是我们公司全体员工给您送上的一份新年礼物，小小心意，希望您能喜欢。另今后贵公司在用车或维修保养方面有任何问题，您都可以随时拨打小张的电话，小张乐意为您分忧。如果您身边还有需要购车的朋友麻烦您帮忙推荐推荐。

A:好的，一定！你方便再给我一张你的工作名片吗？

S:当然没问题。谢谢您！（双手递上名片）再见！

A:再见！

二 任务实施

❶ 准备工作

(1)拜访前的相关准备；

(2)准备《保有客户管理卡》、《营业活动访问日报表》各1份。

❷ 技术要求与注意事项

1)技术要求

(1)分组:将全班同学按角色扮演法分成客户组和回访组两大组,每两位同学为一学习小组。

(2)要求:互相扮演客户及回访员,回访员询问交车三个月后客户所购车辆使用情况,注意倾听,并灵活运用交谈技巧,完成客户拜访计划。

(3)点评:学生交叉点评,老师综合点评。

2)注意事项

(1)让客户放轻松;

(2)不与客户争辩;

(3)按计划完成拜访任务;

(4)合理控制谈话时间;

(5)对客户的支持表示感谢。

3 操作步骤

(1)第一步,拜访客户演练参考模板。

(2)第二步,填写《保有客户管理卡》(表18-1)。

保有客户管理卡　　　　　　　　　　　表18-1

制卡日期: 年 月 日				客户编号:					
客户基本资料	客户姓名			□男 □女			联系电话		
							家庭电话		
	家庭住址						邮政编码		
	身份证号码				单位地址				
	行业类别			办公电话			个人爱好		
	客户来源(直接打勾)	店头活动	媒体广告或促销	VIP推荐	内部情报	户外展示	自销保有	他牌保有	他人介绍	其他
牌照信息	牌照号码	领照地址	初次登记领照日期		年审到期日		实际交车日	实际使用人	实际使用人电话
车辆信息	车型代码		车架号码		发动机号码		颜色	出厂年份	指导价	实际售价
付款方式		是否在本店投保险		保险到期日		置换品牌车辆		成交价格	
客户跟踪									
跟进日期	联系方法		跟进日期与结果				回访人	审核人	

(3)第三步,填写《营业活动访问日报表》(表18-2)。

营业活动访问日报表　　　　　　　　　　　　　　　　　　表18-2

序号	客户姓名	电话	车型	回访方式	访问客户				级别状况		访问经过	备注（不满意或战败）
					保有回访	意向促进	客户开拓	其他	原有	现在		
1												
2												
3												
4												
……												
本月累计意向客户				当日访问数					访问形式		电话	信函
H级			合计						本月计划			
A级			本月访问数						本日进度			
B级			合计						本月累计			
C级												

备注:级别变化除了表示意向客户 H、A、B、C 外,还有 O－订车;D－交车;N－新发生;L－失控;F－战败

制表:　　　　　审核:　　　　　日期:

三　学习拓展

案例分析

广汽本田——大手笔出击体验式营销

一直以来,广汽本田的市场活动都做得不温不火。近几年,并没有特别让人印象深刻的地方。2012年下半年,广汽本田启动了歌诗图跨界之旅的超大型体验式营销活动。从6月底开始招募以来,累计吸引了超过1万名用户报名参与。最终,从北京、上海、广州3站时尚集结 Party 中抽出的60名幸运车主参与了歌诗图跨界体验之旅。歌诗图跨界之旅拥有丽江、凤凰和拉萨、珠穆朗玛峰3条不同线路,总行程超过7000km。3条路线分别经过城市、郊区、山区、高原等多种复杂路况,歌诗图兼备轿车舒适性和SUV高通过性的优势得到了最真实的体现,歌诗图充沛的动力、可靠的品质也获得了车主的认可。就在歌诗图跨界之旅刚刚结束之后,新一轮的"大行其道驾享30城"又紧锣密鼓地展开。

根据案例思考以下问题:

(1)2012年日系品牌在华面临着前所未有的困境,这其中既有客观的外部大环境原因,而后它抓住了哪些微观环境因素重新赢得市场?

(2)本田还可以考虑运用哪些低成本的方式吸引客户的目光?

四　评价与反馈

1 自我评价

(1)通过本任务的学习你是否已经知道以下问题:

①是否了解拜访前准备工作的重要性?
_____。

②是否掌握拜访客户前的准备内容?
_____。

(2)是否能灵活运用客户交谈技巧成功拜访客户?
_____。

(3)实训过程完成情况如何?
_____。

(4)通过本任务的学习,你认为自己的知识和技能还有哪些欠缺?
_____。

签名:_____   _____年____月____日

❷ 小组评价

小组评价见表18-3。

小组评价表　　　　　　　　　　　　　　　　　　表18-3

序号	评价项目	评价情况
1	回访员是否按照相关准备及步骤完成拜访演练任务	
2	回访员拜访目的明确,语言表达清晰	
3	回访员是否能正确填写《保有客户管理卡》、《营业活动访问日报表》	
4	团队的协作	
5	拜访是否达到预期效果	

参与评价的同学签名:_____   _____年____月____日

❸ 教师评价

_____
_____。

签名:_____   _____年____月____日

五　技能考核标准

技能考核标准见表18-4。

技能考核标准表　　　　　　　　　　　　　　　　表18-4

序号	项目	操作内容	规定分	评分标准	得分
1	准备工作	拜访前的准备;准备《保有客户管理卡》、《营业活动访问日报表》	10	拜访前客户信息准备,两表准备齐全;不符合标准酌情扣分	
2	拜访客户演练	询问交车三个月后客户购买车辆使用情况	40	流程完整,思路清晰,表达得体,客户评价;不符合标准酌情扣分	

续上表

序号	项目	操作内容	规定分	评分标准	得分
3	填写相应表单	能正确填写《保有客户管理卡》、《营业活动访问日报表》	20	项目填写完整,对不能马上回应的事件及时记录并承诺反馈期限;不符合标准酌情扣分	
4	处理客户问题	在回访过程中能灵活应对客户提出的各种问题	20	能即时准确回答客户提出的用车疑问,灵活处理客户抱怨;不符合标准酌情扣分	
5	预期效果检查	是否在有限的时间里完成回访内容	10	时间把握,完成效果;不符合标准酌情扣分	
		总分	100		

学习任务19　车辆维修保养-周后回访

学习目标

知识目标

1. 了解进行客户跟踪回访的目的;
2. 掌握跟踪回访服务工作流程。

技能目标

1. 灵活运用电话跟踪的流程和步骤进行客户电话回访;
2. 掌握《回访记录表》、《客户抱怨（投诉）处理单》、《返工通知单》的填写方法。

建议课时

4课时。

任务描述

叶女士一周前把爱车送到柳州现代爱民4S店进行10000km的常规保养,现在她的维修服务顾问李新给她致电进行维修保养后服务的跟踪回访,并向她推荐本周六店内将以优惠折扣向老客户出售车辆导航、行车记录仪等相关产品,并对当天光临本店的前20名客户赠送免费洗车卡活动。

一 理论知识准备

（一）进行客户跟踪回访的目的

（1）汽车维修保养服务属于频次消费，一次维修保养的结束并不代表服务的终止。服务接待通过回访，听取客户评价，表达企业对车主的关心，从而加深客户对企业的良好印象，增进双方的感情。

（2）企业通过回访，及时发现服务过程中存在的不足，及时了解客户的不满意点并有效解除，从而有效提升客户满意度。

（3）企业通过回访，帮助客户解决在车辆使用过程中的疑难问题，使企业的服务更具主动性，体现客户关怀，从而增强客户忠诚度。

（4）企业通过回访，可以挖掘客户新的需求，进行新的服务预约，完成企业的闭环服务作业。

（二）如何开展跟踪回访服务

对维修客户进行跟踪回访是企业服务的重要环节，通过跟踪回访企业可以达到减少客户投诉、增加客户满意度、培养客户忠诚度的目的。服务跟踪是经销商商业活动中最有效的促销手段，是服务质量承诺的有机组成部分。企业进行客户跟踪回访的作业流程如图19-1所示。

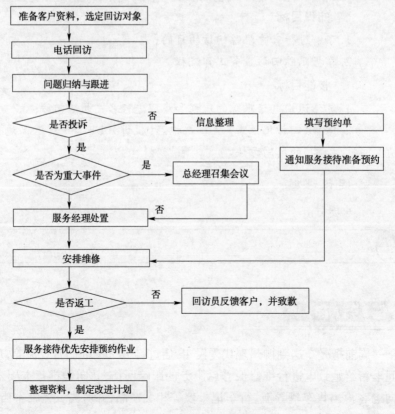

图19-1 跟踪回访作业流程图

（三）任务描述解决方案参考模板

《客户电话跟踪模板》见表19-1。

客户电话跟踪模板　　　　　　　　　　　　表19-1

流程	步骤	电话回访演练过程
准备	准备客户档案、修理账单、并检查已完成工作； 准备好客户关怀信息； 选定回访对象，确认客户个人信息	
致电	问候客户并做自我介绍	您好！我是柳州现代爱民4S店的服务顾问李新
确认客户	确认客户信息 感谢客户将爱车来店维修保养； 询问客户是否方便接听电话	您是叶女士吧？ 您好！叶女士。我是柳州现代爱民4S店的服务顾问李新,感谢您上周惠顾我们的维修中心,现在可否占用您几分钟时间
陈述意图	让客户明确来电用意	是这样的,我们想了解上次你的爱车进店维修保养后情况如何？为提供本市最好的维修服务,希望能征求一下您对我们服务的意见或建议
调查维修情况	询问客户在车辆维修保养后的行驶情况； 询问客户的满意程度	那天给您的爱车做了常规的10000km保养,现在车况如何？您还满意吗？ 听您这么说我很高兴！ 您对我们维修中心的总体印象如何？ 很感谢您对我们的服务所做出的评价,我们还会继续努力,谢谢您的鼓励
向客户提供相关信息	向客户推荐优惠活动信息	十分感谢您！另外,本周六我们有个年末回报客户的活动,届时将以优惠折扣向老客户出售车辆导航、行车记录仪等相关产品,并对当天光临本店的前20名客户赠送免费洗车卡活动,如果您有时间的话,希望您能过来参加
感谢客户支持	感谢对方的信息反馈,并期待下次光临本店	叶女士,感谢您今天的电话接听,打扰到您的地方还望见谅,真诚的期待本周六能再次见到您！ 再见,谢谢您

（四）短信群发,定时提醒

借助于手机短信平台的群发功能,可以在特殊的日子向客户群发短信提醒,既可以使客户规避风险,又可以及时获得客户来店维修的业务量。例如：

(1)定期维护提醒：新手用车,一无所知,及时提醒,感动其心；

(2)车辆年检、驾驶证审验提醒：错过年检,麻烦很多,店家提醒,体现关心；

(3)保险续保提醒：汽车保险,即使逾期1min,保险公司也不会为你的损失赔偿,提醒客户尽早续保,规避风险；

(4)客户生日、结婚纪念日等特殊日期的祝福：做事先做人,交人先交心。你在他特殊日子的一句祝福,可能就会感动客户,使其下次维修时来店接受服务；

(5)恶劣天气、特殊情况的驾驶提醒:磨合期勿高速行驶;雨天注意检查刮水器;雪天注意检查制动器;水中熄火切勿再起动;大风天气注意空中坠落物——这些提醒可以让客户感觉你是在真诚地为他着想,使其心中平填一份暖意;

(6)公司活动通告:车主俱乐部、试乘试驾活动、自驾游活动、公司庆典优惠等,都可以提前告知;

(7)对维修服务满意度跟踪调查:一条调查短信,会让客户感觉你们对待工作的认真。

二 任务实施

1 准备工作

(1)准备《客户电话跟踪模板》。

(2)准备《回访记录表》、《客户抱怨(投诉)处理单》、《返工通知单》各1份。

2 技术要求与注意事项

1)技术要求

(1)分组:将全班同学按角色扮演法分成客户组和服务顾问组两大组,每两位同学为一学习小组。

(2)要求:每一学习小组进行情境演练。

(3)点评:学生交叉点评,老师综合点评。

2)注意事项

(1)请按《客户电话跟踪模板》的流程和步骤提示完成电话回访的任务。

(2)登记《回访记录表》。

3 操作步骤

(1)步骤一:请按客户电话跟踪样表的流程和步骤提示完成电话回访的任务。

(2)步骤二:登记《回访记录表》(表19-2)。

回 访 记 录 表　　　　　　　表19-2

日期:　　　　　　服务顾问姓名:　　　　　　序号:

选定的客户			电话询问的结果						结论	
服务顾问	客户姓名	车型	无不足之处	维修质量	服务态度	服务等待	…	其他不足	客户评价(表扬、批评、抱怨、投诉、建议)	回电话	返修	由谁完成
维修日期	联系电话	车牌号										完成否
1												
2												
3												
…												

(3)步骤三:如在回访过程中出现客户抱怨或投诉,请准确填写《客户抱怨(投诉)处

理单》表19-3。

客户抱怨(投诉)处理单　　　　　　　　　　　表19-3

抱怨(投诉人)姓名		联系电话	
车牌号码		车型	
购买日期		行程里程	
客户抱怨(投诉)来源			
客户抱怨(投诉)日期			
客户抱怨(投诉)问题: □维修质量　□服务态度　□服务等待　□维修价格　□其他			
调查结果: 　　　　　　　　　　　　　　　　　调查人:　　　　日期:			
处理结果: 　　　　　　　　　　　　　　　　　处理人:　　　　日期:			
抱怨(投诉)原因分析:			
改进措施:			
对被投诉者的意见:			

(4)步骤四:如在回访过程中出现客户车辆需要返工维修,请填写《返工通知单》(表19-4),并与客户进行优先预约,安排返工。

返 工 通 知 单　　　　　　　　　　　表19-4

　　　　　　　　　　　　　　　　　　　　　　　　　　　　编号:

时间:		原委托书编号:	
质检员:		原维修工组:	
车牌号码:		现维修工组:	
返工原因说明:			
返工安排:			
处理结果:			
车间主管签名:		技术总监签名:	
服务经理签名:		总经理签名:	

三　学习拓展:对维修客户进行跟踪回访技巧

(一)跟踪回访技巧

(1)建议维修保养一周之内致电询问客户对本店提供服务是否满意。

(2)为避免客户觉得自己的爱车有问题,致电时所用语言要亲切、自然,注意相关话术的使用。

①打回访电话需掌握一定的维修保养常识,善于与客户沟通,灵活处理客户提出的异议。

②认真倾听客户讲话,适时记下客户评价。

③选择恰当的时间对客户进行电话回访,回避客户休息时间、会议高峰及活动高潮期。可在上午9:00－11:00或下午16:00－17:30进行回访。

(3)客户如有抱怨,不要找借口搪塞,而要如实记录客户抱怨处理单,并告知客户反馈时间。

(4)处理客户投诉意见和客户疑问时,不作职权外的承诺或答应客户职权外的条件。

(5)遵守与客户约定的回访时间。

(6)如服务顾问因故不能进行回访,需将客户信息交接好给客服人员。客服需向客户致歉并积极开展工作,让客户满意。

(二)定期保养信件、短信模板

(1)定期保养温馨提醒信件的参考模板。

尊敬的××先生/女士:

　　您好!

　　感谢您一直以来对广汽本田××店的支持!

　　根据系统的显示:您的爱车近期需要定期保养,请您按左下方提示的信息进行确认,并敬请您及时安排您的时间。来店时请携带好您的《保养手册》。

　　您也可以拨打我们的预约热线××提前预约,可以享受优先,快速的专修绿色通道服务,本店将竭诚为您提供满意、周到的服务。

　　祝您用车愉快、万事如意!

广汽本田汽车××特约销售服务店
总经理:
年　　月　　日

---

(2)爱车信息的参考模板。

车牌号码:

上次保养日期:

本次保养里程数:

如您的爱车已做过保养,请忽略此信息。

我们的客服人员在致信日两周左右后的时间会以电话的方式与您确认此次保养信息:

(3)定期保养温馨提醒短信的参考模板。

> 广本××店温馨提示:您的爱车本次保养的预计时间是××月××日或××××千米,请您确认里程并及时保养,或拨打预约热线××提前预约,谢谢!

四 评价与反馈

❶ 自我评价

(1)通过本任务的学习你是否已经掌握以下问题:

①是否理解进行客户跟踪回访的目的?
_____。

②是否能掌握跟踪回访服务工作流程?
_____。

(2)是否能根据跟踪回访服务流程完成客户电话跟踪,正确填写《回访记录表》、《客户抱怨(投诉)处理单》、《返工通知单》。
_____。

(3)实训过程完成情况如何?
_____。

(4)通过本任务的学习,你认为自己的知识和技能还有哪些方面欠缺?
_____。

签名:_____   ____年___月___日

❷ 小组评价

小组评价见表19-5。

小组评价表　　　　　　　　　表19-5

序号	评价项目	评价情况
1	服务顾问是否按照规范的流程完成演练	
2	服务顾问、客户语言是否流畅	
3	服务顾问是否能正确填写各项目表	
4	团结协作情况	
5	跟踪回访是否达到预期效果	

参与评价的同学签名:_____   ____年___月___日

❸ 教师评价

_____
_____。

签名:_____   ____年___月___日

五 技能考核标准

技能考核标准见表19-6。

技能考核标准表　　　　　　　表19-6

序号	项目	操作内容	规定分	评分标准	得分
1	准备工作	准备《客户电话跟踪样表》；准备《回访记录表》、《客户抱怨（投诉）处理单》、《返工通知单》	10	三单准备齐全；不符合标准酌情扣分	
2	客户电话跟踪演练	按客户电话跟踪样表的流程和步骤提示完成电话回访的任务	40	流程完整，语言流畅，推荐优惠服务活动成功并获得预约服务,客户评价；不符合标准酌情扣分	
3	填写相应表单	按跟踪服务工作过程填写相应表单	20	项目填写完整，及时交由相关部分审理；不符合标准酌情扣分	
4	处理客户问题	在电话回访过程中能灵活应对客户提出的各种问题	20	沉重应对客户提出的各类问题，语言表达亲切、自然；不符合标准酌情扣分	
5	预期效果检查	是否在有限的时间里完成流程内容，并处理好客户相关问题	10	时间把握，完成效果；不符合标准酌情扣分	
		总分	100		

项目六　客户抱怨分析与处理

学习任务 20　客户抱怨案例演练与分析

 学习目标

★ 知识目标
1. 正确认识客户抱怨；
2. 明确汽车企业客户期望值引导。

★ 技能目标
1. 掌握汽车企业客户抱怨处理技巧；
2. 通过灵活应用期望值"四象限法"进行客户抱怨案例演练与分析。

建议课时

2 课时。

 任务描述

某客户于 2012 年 8 月 15 日购买一辆私家车，于 2014 年 9 月 5 日车辆行驶 26987km 来售后服务网点做 30000km 维护，客户提出以下需求：第一，维护结算费用打 8.5 折；第二，免费洗车打蜡；第三，客户汽车排气管锈蚀，因为汽车即将出整车质量担保期，要求排气管保修，免费更换。

一　理论知识准备

（一）汽车企业客户抱怨

所谓客户抱怨指客户对所提供的产品不满和责难，或对于提供服务过程中的任何一个举动不赞同、提出质疑或拒绝接受的行为。客户抱怨分为私人行为和公开行为,私人行为包括回避重新购买或再不购买该品牌或商品、说该品牌或商品坏话等;公开行为包括向商店或制造企业、政府有关机构投诉、要求赔偿。

(二)汽车企业客户抱怨处理环节技巧

汽车企业客户抱怨处理环节如图20-1所示。

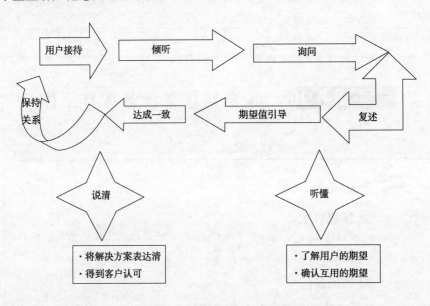

图20-1 汽车企业客户抱怨处理环节

❶ 客户接待技巧

1)满足客户需求

(1)环境需求:清理清洁客户接待区、休息区、停车位、维修区等;

(2)信息需求:熟悉维修价格、维修步骤、技术专家等;

(3)情感需求:理解、关怀、同情、赞美客户。

2)客户接待注意事项

(1)职业化的第一印象:按汽车售后服务网点员工统一着装,保证整洁、佩戴工作牌;检查仪容仪表,保证面部干净无异味;始终保持精神饱满和微笑服务。

(2)欢迎态度:发自内心自然真诚的微笑,切忌做作和皮笑肉不笑;

以客户为中心,关注客户三种需求:环境、信息、情感需求。

❷ 倾听环节技巧

1)倾听目的

(1)倾听既要听客户说事实,也要听客户情感;

(2)倾听是一种情感活动,不只是听客户说,还要反馈表情和动作。

2)提高倾听能力的注意事项

(1)让客户把话讲完,听出客户讲话重点;

(2)对客户所说事实给予回应,配合表情和肢体语言适时表达;

(3)与客户沟通时以稳定的目光接触。

3 询问环节技巧

1)询问目的

迅速有效地帮助客户找到正确需求。

2)询问方式

有开放式和封闭式两种。

(1)开放式提问有助于了解客户需求,其特点是没有确定答案,时间较长,客户回答比较轻松,在使用过程中需控制时间,避免漫无目的。

(2)封闭式提问有助于判断客户需求,其特点是简洁明了,答案范围确定,时间较短,客户回答时比较紧张。在使用过程中避免客户产生被盘问错觉,避免客户产生向其推卸责任的感觉。

4 复述环节技巧

(1)复述事实目的:确认客户真实需求,并得到客户确认,分清责任,充分体现服务顾问职业素养。

(2)复述情感技巧:复述情感是对客户观点给予认同,让客户得到情感的认同,加深和客户间融洽程度。

5 期望值引导

期望值是指客户希望或预期的产品或服务的价值。

6 达成一致技巧

具体讲解和描述为客户提供的解决方案,说明各个解决方案对客户价值的影响,肯定和赞许客户所选择的方案,关注客户对于所选方案的满意程度。

7 关系保持技巧

根据客户不同期望值进行回访,提供完善后续服务。

(三)汽车企业客户期望值引导

1 期望值

期望值指客户希望或预期的产品或服务的价值。期望值可以大于、等于、小于客户满意度。客户通常可以经由核心服务和客户服务来体验。客户期望值通过客户对产品这个载体的满意度来体现,客户期望值越高,产品或服务提供者尽可能满足客户需求,所付出的成本增大,客户满意度也相应地增大,客户服务感受与期望值、客户满意度之间的关系如图20-2所示。

2 期望值引导步骤

(1)了解客户期望值。

每个人的经历和需求不同,产品和服务口碑不同,造成每个客户期望值不同,服务顾问通过接待、倾听、询问、复述等与客户沟通，尽量了解客户对本次服务的期望。

（2）分析客户期望值。

服务顾问应用期望值分析"四象限法"，如图 20-3 所示。将收集到的客户期望进行比较、排序、分析。"四象限法"中期望值重要性是站在客户角度，合理性是站在汽车售后服务网点角度，考虑汽车售后服务网点满足客户期望的程度。

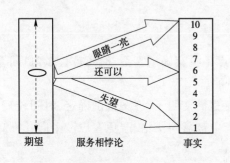

图 20-2　服务感受 − 期望值 = 满意度　　　　图 20-3　期望值分析"四象限法"

二　任务实施

❶ 准备工作

准备《客户抱怨受理表》（表 20-1）1 份。

客户抱怨受理表　　　　　　　　　　　　　　　表 20-1

客户信息	客户姓名		性别		联系电话	
	单位或住址				职务职称	
	其他背景					
车辆状况	车型		VIN		车架号	
	销售商		牌照		购车日期	
	行驶里程		维修情况			
投诉	故障日期		驾车人		抱怨要求	
	抱怨日期		故障里程			
故障处理前	车辆状态					
	客户态度					
故障处理后	车辆状态					
	客户态度					
客户反馈	处理结果	满意□	基本满意□	不满意□	客户签字	
	处理速度	满意□	基本满意□	不满意□	年　月　日	
结案情况	抱怨受理人签字			经理签字		
	年　月　日			年　月　日		

❷ 技术要求与注意事项

1）技术要求

(1)分组:客户组、投诉组;

(2)要求:按降低客户期望值进行演练,准确运用学习过的原理,使用恰当的技巧和话术;

(3)点评:互相点评,老师点评。

2)汽车企业客户抱怨注意事项

按照汽车企业客户一般抱怨处理步骤(图20-4),我们在处理客户抱怨过程中需注意以下事项:

(1)将规则和政策当作利益:政策包括保修政策、维修政策、价格政策、会员政策、优惠政策、备件政策。规则包括工时费打折力度,VIP会员规则等。

(2)寻求共识:达成一致,讲事实,讲利益,为抱怨或投诉用户提供多种解决方案。

(3)通告进展:及时通告客户抱怨或投诉事件处理进展,让客户感受到我们在行动,事情在向好的方向发展。

(4)人车分离:选择安静场所,避免客户见到故障汽车,平抚客户情绪,发泄不满。

3 操作步骤

(1)第一步,客户期望比较、排序、分析。

①按客户期望值重要性比较、排序:通过与客户沟通,了解三种需求对于客户重要程度,假设服务顾问与客户沟通后得知,客户比较看重维护结算费用和保修这两项需求。服务顾问便可以按照客户期望值重要性依次递减顺序对客户需求进行比较、排序,得出最后分析结果。

②按客户期望值合理性比较、排序:根据售后服务网点现行规定及服务顾问可受理的权限范围,判断汽车售后服务网点实现客户需求的难易程度,按期望值合理性依次递减顺序,将客户需求比较、排序,得出最后分析结果。

(2)第二步,填写客户期望值"四象限法"图表。

图表按客户期望值重要性、合理性对客户需求进行比较、排序、分析后,结果填写在期望值引导"四象限法"图表中,如图20-5所示。

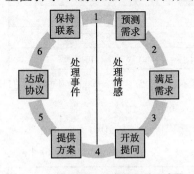

图20-4 一般抱怨处理步骤

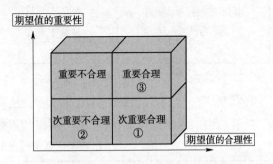

图20-5 期望值引导"四象限法"比较、排序、分析结果

(3)第三步,降低客户期望值。

根据客户期望值分析结果为客户提供多种解决方案,请客户在多种解决方案中进行选择。结合本案例,可以提供表20-2所示三种解决方案。

三种解决方案　　　　　　　　　　　　　　　表 20-2

序号	客户期望	解决方案	备注说明
方案一	维护结算费用打 8.5 折	为客户办理一张贵宾卡,享受日常维护工时费用 9 折,备件费用 8.5 折优惠	服务顾问依据售后服务网点实际情况和自身可受理权限范围来确定客户期望引导解决方案
方案一	免费洗车打蜡	为客户提供免费洗车服务	
方案一	要求排气管保修免费更换	在不违反汽车厂商保修政策的原则下,帮助客户办理排气管锈蚀保修事宜	
方案二	维护结算费用打 8.5 折	日常维护工时费用 8 折,备件费用 9 折优惠	
方案二	免费洗车打蜡	洗车打蜡需付费,免费赠送客户小礼品	
方案二	要求排气管保修免费更换	在不违反汽车厂商保修政策的原则下,帮助客户办理排气管锈蚀保修事宜	
方案三	维护结算费用打 8.5 折	本次维护工时费用 8.5 折优惠	
方案三	免费洗车打蜡	为客户提供免费洗车打蜡服务	
方案三	要求排气管保修免费更换	在不违反汽车厂商保修政策的原则下,帮助客户办理排气管锈蚀保修事宜	

在实际工作中,为客户提供多种解决方案,有可能没有一种能满足客户需求所有期望,服务顾问在设计解决方案时需强调每一种的合理性和利益性,最终帮助客户从多种解决方案中做出选择,实现降低客户期望值预期目标。

三　学习拓展

客户满意度、抱怨度与客户消费行为之间存在一定关系。客户抱怨情况统计见表 20-3。

客户抱怨情况统计　　　　　　　　　　　　　　　表 20-3

消费性质	客户分类	比率(%)
消费不满意与抱怨比率	不满意,就抱怨	4
消费不满意与抱怨比率	虽然不满意,但是不抱怨	96(会将自己不满情绪告诉 16~20 人)
即使不满意,仍然回头购买商品的客户	不抱怨	9(91% 不会再回来)
即使不满意,仍然回头购买商品的客户	抱怨过,没有得到解决	19(81% 不会再回来)
即使不满意,仍然回头购买商品的客户	抱怨过,问题得到解决	54(46% 不会再回来)
即使不满意,仍然回头购买商品的客户	抱怨被迅速解决	82(18% 不会再回来)

调查得知:只有 4% 的不满意客户会来抱怨,96% 的不满意客户不会前来抱怨。但是,他们会将自己不满情绪告诉 16~20 人,从而影响这些人的消费行为。

客户再次购车的可能性,取决于销售和售后服务的满意程度,见表 20-4。

服务满意与再次购车意向关系　　　　　　　　　　　表 20-4

销售服务	售后服务	再次购车意向
满意	满意	71%
不满意	满意	26%
满意	不满意	1%

结论：只有少数不满意的客户会来抱怨，多数人懒得理会你，当然也就不会再来消费；抱怨能够得到快速处理的客户，大多会再次前来消费。

四 评价与反馈

1 自我评价

（1）通过本任务的学习你是否已经知道以下问题：

①是否会用"四象限法"分析客户期望值？

_____。

②是否能根据客户期望值分析结果为客户提供多种解决方案？

_____。

（2）是否正确掌握汽车企业客户抱怨处理环节中的技巧？

_____。

（3）实训过程完成情况如何？

_____。

（4）通过本任务的学习，你认为自己的知识和技能还有哪些欠缺？

_____。

签名：_____　　　　____年___月___日

2 小组评价

小组评价见表20-5。

小组评价表　　　　　　　　　　　　　　　　表20-5

序号	评价项目	评价情况
1	是否能按照一般抱怨处理步骤处理客户抱怨	
2	是否能按客户期望重要性、合理性对客户需求进行比较、排序、分析	
3	客户抱怨分析方法使用是否得当	
4	是否能正确按照"期望值""四象限法"进行客户抱怨率例演练与分析	
5	是否能根据客户期望值分析结果为客户提供多种解决方案	

参与评价的同学签名：_____　　　　____年___月___日

3 教师评价

_____

_____。

签名：_____　　　　____年___月___日

五 技能考核标准

技能考核标准见表20-6。

技能考核标准表   表20-6

序号	项目	操作内容	规定分	评分标准	得分
1	准备工作	准备客户抱怨受理表表一份,并做好翔实记录	10	客户抱怨受理表提前准备,填写细致、规范;不符合标准酌情扣分	
2	客户抱怨分析	分析客户抱怨的真实性及原因	20	客户抱怨分析方法使用得当;不符合标准酌情扣分	
3	客户期望值引导	按客户期望值重要性、合理性对客户需求进行比较、排序、分析,降低客户期望值	30	灵活应用期望值"四象限法"进行客户抱怨案例演练与分析、操作步骤清晰,有效达到降低客户期望值目标;不符合标准酌情扣分	
4	抱怨案件处理	掌握并灵活应用客户抱怨处理技巧处理客户抱怨,完成客户抱怨受理表各项任务	30	抱怨案件处理及时、有效;不符合标准酌情扣分	
5	客户回访	电话回访客户满意度	10	客户回访满意;不符合标准酌情扣分	
		总分	100		

学习任务 21　客户投诉案例演练与分析

学习目标

 知识目标

1. 正确认识抱怨与投诉的关系;
2. 明确汽车行业客户抱怨和投诉处理工作中基本原则和处理步骤。

 技能目标

1. 掌握处理汽车行业客户投诉禁忌;
2. 通过汽车行业客户投诉处理的案例分析,灵活应用投诉处理技巧。

 建议课时

2课时。

任务描述

客户车辆因为门的问题已经修了3次,此次与客户约好中午12点前取车,但是到12点半还没有修好,客户在焦急等待中突然发现汽车修到一半时工人去吃中午饭了,因此客户不能及时去办事而十分不满,找到客户经理投诉。

一 理论知识准备

(一)汽车企业客户抱怨和投诉关系

(1)客户抱怨:客户因对产品或服务不满而数说别人的过错。

(2)客户投诉:客户因对产品或服务不满而向有关人员提出申诉。抱怨与投诉的关系如图21-1所示。

(3)客户投诉处理步骤:倾听→认同→平息→处理→结束→跟踪→客户满意,如图21-2所示。

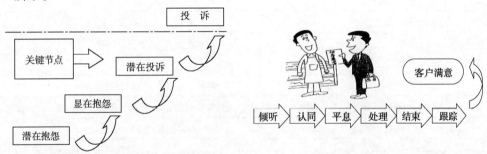

图21-1 抱怨与投诉的关系　　　　图21-2 客户投诉处理步骤

(二)汽车企业客户抱怨和投诉处理原则

1 汽车企业客户抱怨处理原则

(1)先安抚情绪,再处理事情。

客户的不满有68%以上来源于服务态度,安抚客户心情,交流情感,多表示理解和同情,再解决实际问题。

(2)耐心倾听。

听完客户叙述,既要听事实,又要听情感,然后适时发表建议或提出针对性意见。

(3)设法平息怒气。

除了复述客户抱怨的事实,还要复述情感。比如:"您的心情我们非常理解"、"我知道您很着急"。

(4)换位思考。

(5)紧急受理,慢慢处理。

紧急受理指接受客户抱怨和投诉速度一定要快,重视客户意见和情感。慢慢处理绝不是指时间上慢和拖延,而是指细致处理,随时倾听客户感受。

2 汽车企业客户投诉处理原则

(1)息事宁人。

从投诉处理的战术层面来考虑,需要学会大事化小,如果能把事情控制在一定范围内并予以解决,不论对用户、网点还是汽车厂商来说均好。听完客户叙述投诉事件控制在服务顾问能力范围内,不宜将事态扩大。

(2)赔偿或改进。

降低客户期望值,赠送特殊服务,提升服务档次。

(三)汽车企业客户投诉处理禁忌

处理客户投诉时,不良的表现、方法会加剧紧张气氛,扩大客户不良情绪,扩大投诉可能产生的不良后果,所以,处理客户投诉时一定要注意方式方法(表21-1)。

处理客户投诉应对的正确方法　　　　表21-1

禁　忌	正　确　方　法
立刻与客户讲道理	先听,后讲
急于得出结论	先解释,不要直接得出结论
一味道歉	道歉不是办法,解决问题是关键
言行不一,缺乏诚意	说到做到
这时常有的事	不要让客户认为这时普遍性问题
你要知道,一分钱,一分货	无论什么样的客户,都提供同样优质服务
绝对不可能	不要用如此武断的口气
这个我不清楚,你去问别人吧	为了您能够得到更准确的答复,我帮您联系×××来处理,好吗
公司规定就是这样的	为了您的车辆能够良好的使用,所以公司制订了这样的规则
随意答复客户	确认了准确信息再回复客户

(四)消极倾听者与积极倾听者对比

消极倾听者和积极倾听者在对待倾诉者时的不同态度对比可见表21-2。

消极倾听者和积极倾听者对比表　　　　表21-2

消 极 倾 听 者	积 极 倾 听 者
没有真的专心倾听	努力专心倾听
如果讲话者的讲话方式令人不快就不听	即使讲话者的讲话方式不好,也努力倾听;把注意力集中在事实上
不听取全部情况	在讲话者说完全部情况前,不做任何结论
纠缠许多不相关的事实	仔细倾听主要事实并对其进行整理;对了解的情况进行概括总结
记太多的笔记	改进记笔记的技巧
由于闷头记笔记,没听清对话	仅记录几个相关的字句
有误会时,不试图澄清	有不明白的地方,随时向讲话者澄清
不让客户把话说完就搭腔	让客户把话说完
用与客户意见无关的话搪塞	用表现对客户所说感兴趣的措辞应答

（五）汽车企业客户抱怨和投诉典型状况分析

按图 21-3a）所示客户抱怨的状况，分析客户抱怨的真正原因，在图 21-3b）中填写客户抱怨的原因。

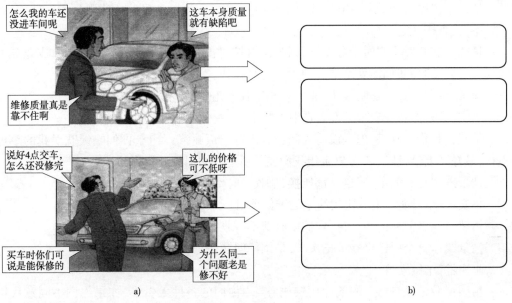

图 21-3　客户抱怨状况分析

二 倾听演练任务实施

❶ 准备工作

分析倾听演练任务中需要处理的情景。

(1)情景一："哟，你们不是约好 12 点交车吗，怎么 12 点半了，还交不出哪！"

(2)情景二："哟，你们还吃饭哪，我一会儿还有事儿呢！"

(3)情景三："这么简单，我自己都能换，还收工时费呀！"

(4)情景四："这个门已经修了三次了，是维修问题还是备件问题呀？"

❷ 技术要求与注意事项

(1)技术要求。

①分组：客户组、服务顾问组（每组分别选 1 名同学扮演客户，1 名同学扮演服务顾问）；

②要求：服务顾问通过倾听练习，分析倾听到的客户投诉的事实与情感；

③点评：互相点评，老师点评。

(2)注意事项。

留意投诉任务演练中客户表达出的情感和解决意愿。

❸ 操作步骤

(1)第一步，演练。

(2)第二步，分析倾听到的客户投诉事实重要性、合理性。

(3)第三步,理解客户情感。

(4)第四步,迅速给出处理或回馈意见。

4 演练点评

情景一:"哟,你们不是约好 12 点交车吗,怎么 12 点半了,还交不出哪!"

事实:未按约定交车。

情感:"客户对不守时十分不满,因为没有按时提车,可能不能按时办事,造成业务上的损失"客户希望我们能就所造成的损失进行弥补。

情景二:"哟,你们还吃饭哪,我一会儿还有事儿呢!"

事实:汽车修到一半时工人去吃中午饭了。

情感:"你们去吃饭,怎么没有人问我有没有吃饭呢?";"由于你们吃饭耽误我的事可不行,最好马上给我修。""客户希望我们能就所造成的损失进行弥补。"

情景三:"这么简单,我自己都能换,还收工时费呀!"

事实:一个可能看上去比较简单的维修项目。

情感:"这么简单的小项目,你们工时费不该收或不该收这么高。"

情景四:"这个门已经修了三次了,是维修问题还是备件问题呀?"

事实:汽车做维护。

情感:"我还是自己带的备件比较放心";"你们的备件太贵了,如果你们不同意我用自带备件";"我只做维护,不要向我推荐其他项目";"我不做别的项目,应该很快。"

5 解决方案

应以最大的诚意立即道歉,根据客户的合理要求迅速提供解决方案。即使帮助客户暂时解决问题,客户依然可能心存不满,因此,应再次道歉并马上行动。客户可能不会再像以前那样信任我们,在今后的服务中,一定要避免再犯同样的错误。

三 学习拓展:汽车维修管理工作页(处理抱怨)

(1)分析顾客抱怨并填写《抱怨处理表》(表 21-3)。

(2)按客户抱怨处理流程自查表(表 21-4)进行自查。

抱怨处理表

教师布置日期: 年 月 日　　　　　个人完成时间:　　　(分钟)　　　表 21-3

问　　题	任　　务	处理要点
作为开门经营的汽车维修厂,由于主观、客观的原因,经常会遇到客户抱怨。由任课教师任意给出一种引发客户抱怨的具体事由(如:在约定交车时间未能将车修好、轮胎充气气压太高、制动跑偏、水温表不显示水温值、刮水器遇雨不摆、燃油表不显示油量、客户将随车工具遗漏在维修厂等)	学会根据客户特点、时间特点、季节及天气特点、引发抱怨的具体事由等情况,因地制宜地处理好客户抱怨	

抱怨处理流程自查表　　　　　　　　　　　　　　　　表21-4

项　目	内　　容	分值	实 施 情 况	自查得分
一项制度	首问负责制施行了吗	5		
两个做法	①倾听与解释做得如何？ ②补救或补偿做了吗	10		
三类人职责	①维修顾问的职责是什么？ ②维修技师的职责是什么？ ③客服经理的职责是什么	15		
四个原则	①"掌握政策，正确判别"坚持了吗？ ②"以理服人，礼貌待客"坚持了吗？ ③"调查分析，实事求是"坚持了吗？ ④"赏罚分明，统一尺度"坚持了吗	20		
五方面工作	①"热情接待，听取陈述"做得如何？ ②"无论对错，均表歉意"做得如何？ ③"耐心解释，及时解决"做得如何？ ④"敢于担责，勇于认错"做得如何？ ⑤"抓住机遇，快速处理"做得如何	25		
六步曲法 处理抱怨	①积极接受客户抱怨； ②先安抚客户感情再处理抱怨事情； ③澄清起抱怨事情的关键之所在，探讨解决引起抱怨事情的方案； ④迅速解决所争议问题； ⑤衷心感谢客户的抱怨，向客户道歉并适当补偿； ⑥回访客户，安抚情绪	25		
	综合得分	100		

四　评价与反馈

1 自我评价

(1)通过本任务的学习你是否已经知道以下问题：
①是否会运用倾听、交谈技巧应对客户激动的情绪？

②是否能根据客户投诉情况为客户提供多种解决方案？

(2)是否正确掌握汽车企业客户投诉处理环节中的技巧？

(3)实训过程完成情况如何？

（4）通过本任务的学习，你认为自己的知识和技能还有哪些欠缺？

_____。

签名：_____　　_____年____月____日

❷ 小组评价

小组评价见表21-5。

小组评价表　　　　　　　　　　　　　　　　　　　　　表21-5

序号	评价项目	评价情况
1	着装是否符合要求	
2	掌握投诉处理原则，能认真听取客户投诉，不遗漏细节，确认问题所在，主动做好投诉细节的记录	
3	熟悉并运用倾听、交谈技巧，懂得选择积极的用词与沟通方式；能够应对、稳定客户客户较激动的情绪	
4	是否能够运用所学知识理解案例问题，并按要求完成各项任务，及时总结投诉处理的经验和教训，制订预防措施	
5	团队沟通交流、合作参与意识	

参与评价的同学签名：_____　　_____年____月____日

❸ 教师评价

_____。

签名：_____　　_____年____月____日

五 技能考核标准

技能考核标准见表21-6。

技能考核标准表　　　　　　　　　　　　　　　　　　　表21-6

序号	项目	操作内容	规定分	评分标准	得分
1	学会倾听	认真听取客户投诉，不遗漏细节，确认问题所在	20	抓住客户投诉问题点，不少于3点；不符合标准酌情扣分	
2	客户投诉事件分析	分析倾听到的客户投诉事件的真实性、重要性、合理性	20	判定客户投诉事件真实性、重要性、合理性；不符合标准酌情扣分	
3	客户投诉处理	为客户提供迅速而有效的投诉解决方案，安抚客户情绪，使得投诉快速解决	40	客户投诉处理及时、有效；不符合标准酌情扣分	
4	客户跟踪调查	确认客户的满意程度，客户服务经理重点进行后续跟踪	20	客户满意度调查结果；不符合标准酌情扣分	
	总分		100		

学习任务 22　客户投诉紧急案例演练与分析

学习目标

知识目标

1. 了解汽车企业客户投诉流程；
2. 明确汽车企业客户投诉类型；

技能目标

1. 掌握填制客户投诉处理跟踪表方法；
2. 通过汽车行业客户紧急投诉处理的案例分析，灵活应用投诉处理技巧。

建议课时

4 课时。

任务描述

某客户于 2014 年 7 月 15 日购买一辆新车，车辆在行驶两个月后出现行驶中熄火现象，甚至因为这个现象导致车辆发生碰撞，转向盘和底盘移位，气囊爆开，驾驶员受轻伤。用户于 2014 年 10 月 5 日来到汽车经销商售后服务网点投诉。

一　理论知识准备

（一）汽车企业客户投诉类型

❶ 销售类

汽车产品销售过程中承诺未履行、交车日期延误、买贵了（价格调整）、夸大产品性能、夸大保修索赔内容、销售服务态度不佳等。

❷ 备件类

（1）备件供应。在维修过程中，未能及时供应车辆所需备件。
（2）备件价格。客户主观认为备件价格过高或收费不合理。

(3)备件质量。备件的外观、质量或耐久性等问题。

❸ 服务类

(1)服务质量。汽车销售过程中,未能达到客户期望值,如服务态度不好、怠慢、轻率等。

(2)售后索赔。由于未明确沟通保修索赔条件等。

(3)产品质量。由于设计、制造或装配不良所产生的质量缺陷。

❹ 重大客户投诉类

(1)在处理程序方面。该投诉已经过维修站、经销商、现场经理的处理且无法和客户达成一致处理意见。

(2)在处理方式方面。该投诉无法通过公司的售后政策、无法采用维修和技术手段实施解决。

(3)在客户心态方面。客户期望已超过车辆本身的赔偿期望。

(4)在赔偿金额方面。大大超出我们按惯例实施的善意补偿标准(人民币一万元以上)。

(5)在风险方面。该投诉可能涉及公关、媒体、法律等,处理不当会直接造成公司信誉损毁。例如:涉及车辆行驶安全或高额赔偿,可能引起重大负面效应(媒体、聚众、法律)。

客户投诉、调查分析见表22-1。

客户投诉调查分析表　　　　　　　　　　　　　　表22-1

客户投诉种类	比 例	结 果
不去投诉	91%	不回来
投诉没有解决	81%	不回来
投诉得到解决	25%	不回来
投诉很快解决	85%	大多数会回来

(二)客户投诉处理跟踪表

《客户投诉处理跟踪表》(表22-2)是给客户一个清晰的处理过程、明白的处理结果,让客户感觉到被重视,也让企业和相关责任人总结经验教训。

客户投诉处理跟踪表　　　　　　　　　　　　　　表22-2

表编号:				填表日期:	
车辆识别号		里程数		车型	
CAC案例号		车主		电话	
维修站名称		FMC		状态	
车辆故障或投诉内容					
投诉性质	(潜在媒体曝光、消协等机构投诉还是一般投诉)				
客户背景	(填写客户的基本情况,有无特殊背景或车辆背景)				
客户需求或倾向					
情况跟踪和目前维修状态					
最终结果	(有结果就填)				

注:状态有On-going(处理中无结论)、Inproess(已有结论在排序)、Hold(冷处理或保持状态)、Closed(关闭)四种,请酌情填入状态框。

二 任务实施

❶ 准备工作

(1)准备客户投诉处理跟踪表一份。
(2)设定客户投诉处理目标,分析演练任务中需要处理的情景。

❷ 技术要求与注意事项

1)技术要求
(1)分组:客户组、服务顾问组(每组分别选 1 名同学扮演客户,1 名同学扮演服务顾问)。
(2)要求:按投诉处理流程进行演练,准确运用学习过的原理,使用恰当的技巧和话术;分析客户所表述的事实与情感。
(3)点评:互相点评,老师点评。
2)注意事项
留意紧急投诉任务演练中客户表达出的情感和解决意愿。

❸ 操作步骤

(1)第一步,演练。
(2)第二步,分析客户紧急投诉事实重要性、合理性。
(3)第三步,理解客户情感。
(4)第四步,迅速给出处理或回馈意见。

❹ 演练点评

(1)客户心理分析。客户非常愤怒,坚决认为车的质量有问题,且造成很大伤害和损失。
(2)客户意愿。追踪事故根本原因,事故是否与两个月左右出现行驶中熄火现象有关。为什么同样的问题会再次出现?希望能给出合理解释和补偿。
(3)解决方案。客户态度很强硬,应对其情绪进行安抚,客户是来投诉的,应迅速报告服务经理,避免令客户产生推诿或拖延感觉。同时采取行动,帮助客户找到真正肇事原因,向客户表明我们对质量问题的态度。提供解决方案,最终与客户达成一致。

三 学习拓展

汽车企业客户投诉须按流程处理。
规范客户投诉处理流程能够迅速而有效安抚客户情绪,使得投诉快速解决,产生负面效果最小化。

四 评价与反馈

❶ 自我评价

(1)通过本任务的学习你是否已经知道以下问题:

①是否会运用倾听、交谈技巧安抚客户激动的情绪?
_____。

②是否能根据客户投诉情况为客户提供可行性解决方案?
_____。

(2)是否及时总结投诉处理的经验和教训?
_____。

(3)实训过程完成情况如何?
_____。

(4)通过本任务的学习,你认为自己的知识和技能还有哪些欠缺?
_____。

　　　　　　　　　签名:_____　　　____年___月___日

2 小组评价

小组评价见表22-3。

小组评价表　　　　　　　　　　　　表22-3

序号	评价项目	评价情况
1	积极主动性、责任感、任务完成度	
2	掌握紧急案例投诉处理原则,能认真听取客户投诉,了解客户维修记录,调查产生投诉的过程,分析客户投诉原因	
3	熟悉并运用积极倾听,善用沟通技巧,懂得选择积极的用词与沟通方式;能够安抚客户情绪,真诚接待	
4	是否能够运用所学知识综合考虑客户的需求,在尊重客户心理的前提下提出可行的解决方案	
5	按要求完成各项任务,及时总结投诉处理的经验和教训,制订预防措施	

　　参与评价的同学签名:_____　　____年___月___日

3 教师评价

_____
_____。

　　　　　　　　　签名:_____　　　____年___月___日

五　技能考核标准

技能考核标准见表22-4。

技能考核标准表　　　　　　　　　　　　　　　表22-4

序号	项目	操作内容	规定分	评分标准	得分
1	准备工作	准备客户投诉处理跟踪表一份,并做好翔实记录	10	客户投诉处理跟踪表提前准备,跟踪表填写细致、规范;不符合标准酌情扣分	
2	客户投诉类型判定	根据任务描述情景能准确地判定客户投诉类型	10	客户投诉类型判定的准确性、及时性;不符合标准酌情扣分;	
3	客户投诉处理流程应用	能熟练的按照汽车企业客户投诉处理流程处理客户投诉	40	客户投诉流程处理步骤清晰,方法使用灵活;不符合标准酌情扣分	
4	投诉解决方案提供	为客户提供迅速而有效的投诉解决方案,安抚客户情绪,使得投诉快速解决	30	投诉解决方案多元化,可操作性强;不符合标准酌情扣分	
5	客户满意度调查	确认客户的满意程度,客户服务经理重点进行后续跟踪	10	客户满意度调查结果;不符合标准酌情扣分	
		总分	100		

项目七　客户关系管理软件使用

学习任务 23　认识客户关系管理软件

学习目标

 知识目标

1. 了解什么是客户关系管理软件；
2. 熟悉客户关系管理软件的界面；

 技能目标

能够使用客户关系管理软件录入员工信息。

建议课时

2 课时。

 任务描述

小明刚刚入职成为一家 4S 店的售后顾问，作为新员工，他需要掌握 4S 店的客户关系管理软件，并将他的员工信息录入系统。

一　理论知识准备

客户关系管理软件，顾名思义，是可以帮助企业进行客户关系管理的软件系统。客户关系管理软件多种多样，根据企业的性质、结构、应用等方面的不同，软件系统的形式也存在较大的差异。本书以北京运华天地汽车商务与服务教学系统为例，主要介绍在汽车 4S 店中，如何操作客户关系管理软件。

项目七　客户关系管理软件使用

1 认识系统并录入员工信息

（1）登录系统。

在登录系统时，注意使用正确的登录名称和密码，本次实践以汽车维修业务系统为例（图23-1）。

（2）基本数据→员工信息。

登录后出现运华天地——汽车商务与服务实训教学系统操作界面。在操作界面中有"系统"、"维修管理"、"领料管理"、"进货管理"、"销售管理"、"库存管理"、"往来账管理"、"客户服务"、"报表"、"基本数据"、帮助等11个下拉菜单。选择其中的"基本数据"菜单，并在下拉菜单中选择"员工信息"，如图23-2所示。

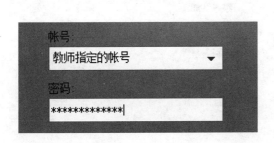

图23-1　登录软件　　　　　　　　图23-2　基本数据

（3）在员工信息一栏选择新建。

选择员工信息后，会在菜单下方出现一些工具按钮，要录入员工信息，就需要点击"新建"按钮，如图23-3所示。

图23-3　员工信息

（4）在员工档案里面输入自己相应的信息。

在弹出的员工档案窗口中，根据员工信息分别填入工号、姓名、性别、民族、录用日期等等基本信息。操作完成后，点击右下角的"确定"，如图23-4所示。

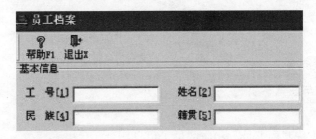

图23-4　员工档案

❷ 定义员工角色

录入完信息后,只是将基本信息保存到了系统,还没有设置员工在企业中的职务,这个时候需要定义员工角色,即在图23-3的工具按钮上,点击"角色定义"按钮,此时会弹出员工角色定义菜单,在"员工角色"选项卡里,选择相应的角色,选择完后点击右边的"应用",然后关闭,如图23-5所示。

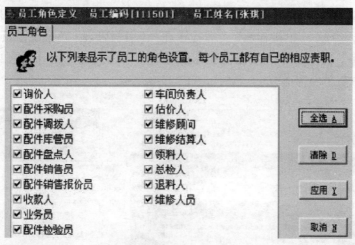

图23-5 员工角色定义

❸ 查询已录入信息

在列表中查看已录入的员工信息。所有操作完成后,就可以在员工的信息表中查看到信息了。如果信息太多,可以在查询一栏通过工号、姓名的方式查询员工信息,也可以按照性别的分类、部门的分类或者是学历的分类方式查询信息表中员工的信息,如图23-6所示。

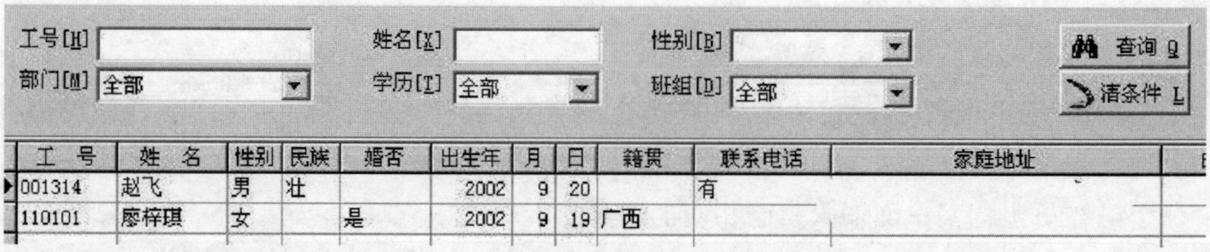

图23-6 员工信息表

二 任务实施

❶ 准备工作

准备好客户关系管理软件、账号信息及员工信息。

❷ 技术要求与注意事项

1)技术要求

(1)要求:学生按照要求录入相应的员工信息。

(2)点评:互相点评,老师点评。

2)注意事项

(1)录入信息要准确；

(2)录入后的信息应该能在员工列表查询得到；

(3)录入的员工信息应该已经被定义角色。

3 操作步骤

(1)第一步,录入员工信息；

(2)第二步,查询已录入的信息。

三 学习拓展

使用客户关系管理软件的好处总结可有以下几点：

1 投资回报明显

大量的事实证明,客户关系管理软件给许多企业带来了正面的投资回报。客户关系管理软件所收集的通信、采购与互动信息加深了企业对客户的了解,简化了知识管理,并运用这些知识来提高销售,扩大回报。

2 改善销售流程

客户关系管理软件改善了企业的销售流程,为销售活动的成功提供了保障。它缩短了销售周期,加强了潜在客户的机会管理。杜绝了以往由于潜在客户管理不当而造成的损失。信息更加集中,销售人员也更加有的放矢。通过分析这些客户交易信息,未来交易的成功率得到了大幅的提高。客户关系管理软件能让中小企业更加简捷地预测销售业绩,测量企业绩效。它能更深入地挖掘横向与纵向销售机会,创造一个评估销售流程的平台,识别出现有的问题、最新的趋势,及潜在的机会,直接或间接地增强了企业的盈利能力。

3 实现客户信息的共享

客户关系管理软件为企业员工访问共享知识库提供了一个绝佳的途径。它便捷、有效地向员工提供了客户的相关信息,帮助他们进行正确的决策,同时也巩固了企业与客户之间的联系,及时判别出客户未来的需求,并设法满足这些需求。借助这一数据库中的客户历史数据,企业能更好地了解客户行为,分析客户喜好,从而有针对性地提供更优秀的产品及服务。

4 提高企业营收

客户关系管理软件可让中小企业了解哪些渠道将会帮助他们提高营收,该怎样把公司中的各种设施、技术、应用、市场等有机结合到一起。作为一种关键的客户关系管理软件组件,销售队伍自动化(SFA)能直接或间接地挖掘客户购买潜力,提高企业盈利。此外,客户关系管理软件还能帮助中小企业增进客户满意度,打造更多忠诚客户,加强自己的竞争优势。它帮助中小企业优化了电子商务、广告战略等经营活动,管理并分析了客户组合,改善了市场活动的成效。通过将订单、客户服务、销售、支付、仓库与库存管理、包

装,以及退货等流程融为一体,客户关系管理软件显著降低了中小企业的经营成本,节省了时间与可用资源。

四 评价与反馈

❶ 自我评价

(1)通过本任务的学习你是否了解什么是客户关系管理软件?
_____。
(2)是否能够使用客户关系管理软件录入员工信息?
_____。
(3)通过本任务学习,你认为自己的知识和技能还有哪些欠缺?
_____。

　　　　　　　签名:_____　　_____年____月____日

❷ 小组评价

小组评价见表23-1。

小组评价表　　　　　　　表23-1

序号	评价项目	评价情况
1	是否能合理规范地使用仪器和设备	
2	是否了解客户关系管理软件	
3	是否按照流程录入员工信息	
4	是否能够按要求查询相应信息	
5	是否按要求安全操作设备和仪器	
6	是否能保持学习、实训场地整洁	

　　参与评价的同学签名:_____　　_____年____月____日

❸ 教师评价

_____
_____。

　　　　　　　签名:_____　　_____年____月____日

五 技能考核标准

技能考核标准见表23-2。

技能考核标准表　　　　　　　表23-2

序号	项目	操作内容	规定分	评分标准	得分
1	准备工作	定义自己的角色,能用正确的账号进入系统	10	进入系统的账号正确;不符合标准酌情扣分	
2	录入员工信息	使用客户关系管理软件录入员工信息	40	录入信息正确、快速;不符合标准酌情扣分	

续上表

序号	项目	操作内容	规定分	评分标准	得分
3	正确定义员工角色	在系统中正确定义自身角色和权限	40	角色定义正确,权限设置正确;不符合标准酌情扣分	
4	员工查询和修改	使用查询条件查询到相应的信息,并做修改	10	查询条件设置正确,修改快速正确;不符合标准酌情扣分	
		总分	100		

学习任务 24　客户档案的录入和修改

学习目标

知识目标

熟悉客户档案的录入和维护等操作。

技能目标

1. 利用客户关系管理软件将客户的基本信息录入系统,掌握录入的方法,并能够快速准确地录入信息;
2. 运用相应的条件在系统中查询自己录入的信息并进行修改。

建议课时

2课时。

任务描述

一位新客户来到4S店,维修顾问接待后,获取了客户的资料,那么应该如何将客户的资料录入系统系统呢?若客户的信息发生了变化,又该如何查询和修改?

一 理论知识准备

建立客户档案要从录入客户信息开始,可按以下步骤进行。

① 录入客户信息

(1)进入客户信息操作界面。在登录系统后,选择"基本数据"中的"客户信息"选项,

本次实践以汽车维修业务系统为例。

(2)新建客户信息。在选择客户信息后(图24-1),会在菜单下方出现一排操作按钮,选择其中的"新建"按钮,打开客户档案窗口,准备录入客户信息。

图24-1 客户信息

(3)录入客户信息。在客户档案窗口中,录入客户信息,如客户名称、联系人、客户类别等等。录入完成后点击右下角的"确定"按钮保存,如图24-2所示。

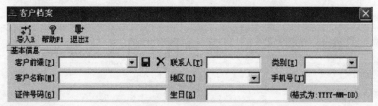

图24-2 客户档案

❷ 查询客户信息

系统中的客户信息可能数量庞大,要在短时间内找到特定的客户信息可以利用系统中的查询功能,如图24-3所示。在查询的条件中输入特定客户的名称或者客户号,或者是相应的类别,车牌号,甚至是创建的日期,都能够找到相应的客户。

图24-3 客户信息查询

❸ 客户信息修改

当客户的信息发生了变化时,如果我们有修改客户信息的权限,就可以根据客户信息的变化进行及时的更新。点击"修改"按钮。在"客户档案"中,对需要修改的栏目进行修改,完成后点击"确定"保存,如图24-4所示。

❹ 添加客户车辆信息

客户信息录入完成之后,若客户已购买车辆,那么就需要对客户的车辆信息进行录入。点击"基本数据"中的"车辆信息",准备录入数据,如图24-5所示。

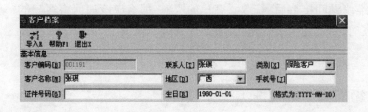

图24-4 客户信息修改　　　　　　　　图24-5 基本数据中的车辆信息

点击"新建"按钮,根据客户的车辆的具体信息,如车牌号、车架号、发动机号、VIN 码等相关数据录入系统,并且在窗口的下方"客户信息"一栏,选择"查找",查找到之前录入的客户信息,车辆信息与客户相关联。最后点"确定"。车辆信息就录入完毕了。如图 24-6 所示。

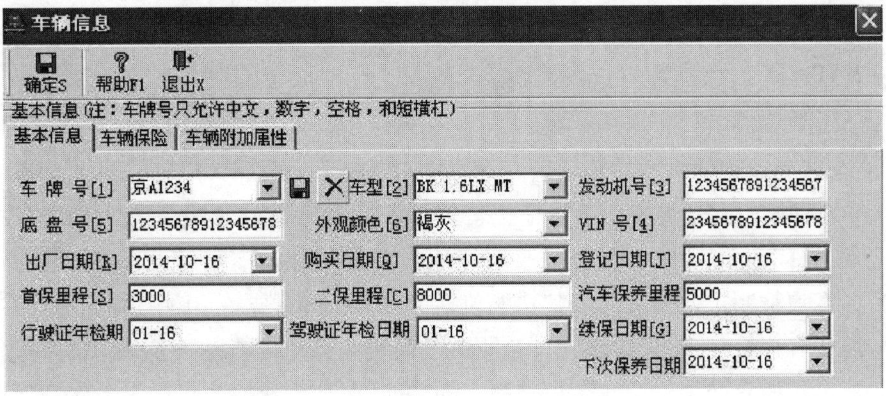

图 24-6 车辆信息

二 任务实施

❶ 准备工作

准备好客户关系管理软件、账号信息及客户信息。

❷ 技术要求与注意事项

1)技术要求

学生按照要求录入相应的客户信息及车辆信息。

2)注意事项

(1)录入信息要准确;

(2)录入后的信息应该能在客户列表查询得到;

(3)修改客户信息时要注意保存。

❸ 操作步骤

(1)第一步,录入客户信息;

(2)第二步,查询已录入的信息;

(3)第三步,修改客户信息。

三 学习拓展

❶ Oracle

产品:Oracle CRM。

Oracle 是世界领先的信息管理软件开发商,因其复杂的关系数据库产品而闻名。是当前世界领先的信息化管理措施。Oracle CRM 产品系列包括销售、营销、交互中心、客户服务和电子商务等五大模块,给予企业 360 度全方位的客户视角,协助企业建立以客户为核心的企业文化。Oracle CRM 市场目标一直瞄准于那些具有较长销售周期、较复杂产品以及较困难价格结构的国内大型企业、垄断企业。

劣势:Oracle CRM 产品处于高端,软件金额往往在百万甚至几千万元,一般企业承担不起。Oracle CRM 咨询分析的能力很强,但产品适应性弱些。

❷ SAP

产品:SAP CRM。

SAP 全球商业软件市场的领导厂商,也是 ERP 产品的第一大厂商。目前全世界排名第一的 ERP 软件。SAP 的核心业务是销售其研发的商业软件解决方案及其服务的用户许可证。SAP CRM 市场模块能帮企业更好地吸引并留住最有价值的客户,识别正确产品,为目标客户群制定定价策略。其功能包括市场分析和数据库、市场预测、传递途径、活动管理、潜在客户管理;销售模块允许企业通过简化和自动化销售任务使得销售过程更有效,同时提供了所有必须集中在客户关系上的功能;服务模块为客户提供了支持工具。

劣势:SAP CRM 过于华丽高贵而又有一些复杂,欧美系统的操作风格让国内企业很不习惯,同样高昂的实施费用让一些中小企业望而却步。

❸ 用友

产品:TurboCRM。

用友软件股份有限公司是亚太本土最大的管理软件、ERP 软件、集团管理软件、客户关系管理软件、小型企业管理软件公司。TurboCRM 客户关系管理系统以客户为中心,采用"一对一营销"和"精细营销"的模式量化管理企业市场、销售及服务过程,实现员工、业务部门、分支机构及合作伙伴的协同工作,建立企业科学的知识管理、价值管理及决策支持体系,帮助企业更好地获取客户、保有客户及提升客户价值。

劣势:财务起家,在集团财务方面和金蝶差不多。TurboCRM 最适合大型企业的应用环境,中小型企业无法很好的运用此产品,而且相对价格也比较高。

❹ 鹏为软件

产品:鹏为 E5。

鹏为软件中国第一批专注 CRM 软件研发的企业,国家高新技术企业,目前是国内最大的专业 CRM 提供商。鹏为 E5 国内唯一能实现平台化配置的 CRM 软件,减少了企业对系统定制方面的二次开发,从企业级、运营级、部门级 3 大方面体系建立,对中大型企业实施部署快速进行,是目前软件系统最先进的开发模式。

劣势:鹏为是专做 CRM 客户管理软件的厂商,但是在移动社交性日益普及的今天,社交型应用还有待加强。

❺ 金蝶

产品:金蝶 EAS CRM

金蝶国际软件集团有限公司是中国第一个 WINDOWS 版财务软件及小企业管理软件——金蝶 KIS、第一个纯 JAVA 中间件软件——金蝶 Apusic 和金蝶 BOS、第一个基于互联网平台的三层结构的 ERP 系统——金蝶 K/3 的缔造者。金蝶 EAS CRM 的定位,主要是为成长型、成熟型和稳定型的中小企业提供完整的客户关系管理解决方案。到目前为止,其客户群主要是中小企业,市场份额并不是很大。

劣势:金蝶主打产品是财务软件,CRM 是它多元化、转型化的产品,在专业化方面略显不足。

⑥ 八百客

产品:八百客 CRM

致力于向客户提供以管理自动化平台为核心的产品、服务和解决方案,为客户创造长期的价值和潜在的增长。"社交企业"使用全新的方式在企业内部实现交流与协作。提高企业协同办公效率。八百客致力于向客户提供以管理自动化平台为核心的产品、服务和解决方案,为客户创造长期的价值和潜在的增长。

劣势:八百客主做 CRM,产品优势在数据统计方面。但如果根据企业遇到的实际问题,有针对性地进行绩效管理、分析,形成可行提升计划并落实到员工日常工作上,八百客产品细腻度上还不够。

⑦ XTools

产品:XTools CRM。

企业维生素是 XTools 公司提倡的一种企业健康发展理念:关注能够把企业思想、执行力、人员、管理工具融合在一起的方案,使企业管理者和员工之间信息畅通,让企业进入一种包括制定目标、执行目标、过程控制、结果反馈的有效循环中去。XTools CRM 是专为国内中小企业设计和开发的一套具有领先的管理思想和优秀的易用性的客户关系管理系统。XTools CRM 的服务模式是按月租用。

劣势:Xtools 未来产品在兼容和扩展方面还需等待市场检验。采用 SaaSAP 租用模式,从短期看企业似乎占了不少便宜,但考虑长年累月持续的资金投入,以及企业数据的安全性,其整体成本可能比直接购买商用软件要高得多。

⑧ 百会

产品:百会 CRM。

百会的企业云计算平台,致力于帮助企业以更低成本获取更大收益,提供一站式在线办公应用,提供一站式在线办公应用。百会 CRM 采用销售自动化,将进销存管理与销售相关模块整合,实现售前与售后活动的无缝衔接,提供完整的销售周期管理功能。

劣势:百会 CRM 只能说一般,从近年百会发展来看更倾向于 Office 办公软件。

四 评价与反馈

① 自我评价

(1)通过本学习任务的学习你是否已经知道如何录入客户信息?

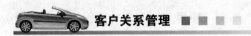

(2) 是否能够用多种查询方式查询到客户的信息？
_____

(3) 是否知道如何修改客户信息？
_____

(4) 通过本任务的学习，你认为自己的知识和技能还有哪些欠缺？
_____

　　　　　　　　　签名：_____　　　____年___月___日

❷ 小组评价

小组评价见表 24-1。

小组评价表　　　　　　　　　　表 24-1

序号	评价项目	评价情况
1	是否掌握如何录入及查询客户信息	
2	是否掌握如何维护客户信息	
3	是否掌握车辆信息的录入及维护	
4	是否按照安全和规范的流程操作	
5	是否遵守学习、实训场地的规章制度	
6	是否能保持学习、实训场地整洁	

　参与评价的同学签名：_____　　____年___月___日

❸ 教师评价

_____
_____

　　　　　　　　　签名：_____　　　____年___月___日

五 技能考核标准

技能考核标准见表 24-2。

技能考核标准表　　　　　　　　　　表 24-2

序号	项目	操作内容	规定分	评分标准	得分
1	客户信息录入	将客户的信息按要求录入系统	30	信息录入正确、规范，信息录入快速；不符合标准酌情扣分	
2	客户信息查询和修改	用特定的条件查询客户信息，并进行相应的修改	20	查询条件设置准确，查找内容正确、快速；不符合标准酌情扣分	
3	客户车辆信息录入和关联	将客户车辆的信息录入系统，并查找到之前已录入的客户信息并进行关联。	50	车辆信息录入正确、快速，客户信息查找正确、关联有效；不符合标准酌情扣分	
		总分	100		

项目七 客户关系管理软件使用

 学习任务 25 会员积分制

学习目标

★ **知识目标**
了解会员积分制。

★ **技能目标**
1. 学会如何通过客户关系管理系统为客户办理入会、退会等操作;
2. 学会为会员设定会员折扣、会员积分等会员福利;
3. 学会为客户设定积分和积分的使用设定。

建议课时
2课时。

 任务描述

几位客户信息发生变动(表25-1),请为他们进行信息维护。

客户入会信息　　　　　　　　　　　　　　　　表25-1

会员名称	入会时间	到期时间	会员级别	办理业务
张三	2014.1.1	2015.1.1	非会员	成为普通会员,缴纳会费1000元,获赠积分100
李四	2014.2.1	2015.2.1	银卡会员	升级为金卡会员,并缴纳会费3000元,获赠积分300
王五	2014.3.1	2015.3.1	金卡会员	退会,删除会员信息

 一 理论知识准备

会员积分制常见于各个4S店,那么,我们如何在客户关系管理软件中使用会员积分制呢?

(一)录入会员信息

1 加入会员

以汽车维修业务系统为例,将客户加入会员需要用到"客户服务"功能。登入客户关系管

图25-1 客户服务

理系统,选择"客户服务"菜单下的"会员管理",如图25-1所示。

❷ 修改会员资料

选择工具栏上的"新建",在会员档案窗口中,可进行相应的修改。

(1)会员卡号:如果是办理新会员入会,则可输入新卡号,如果是办理老会员的相关信息,则输入相应会员的卡号即可。

(2)会员类别:会员类别分为普通会员、银卡会员、金卡会员三种。

如果想要修改会员种类的名称和相应折扣等,可以点击工具栏上的"类别"按钮,即可修改当前会员类别与折扣或是新建新的会员种类。

(3)会员状态:会员状态分为正常、过期、冻结、退会四种。注意:如果要删除会员的信息,必须要先将会员的状态修改为"退会"。

(4)车牌号:车牌号必须是已在系统中保存的车辆车牌号,如果为新车牌,则先将此车录入系统,才能将其升级为会员。填入正确的车牌号后,会在下方的基本信息中显示相应的客户的一些基本资料。

会员管理界面如图25-2所示。

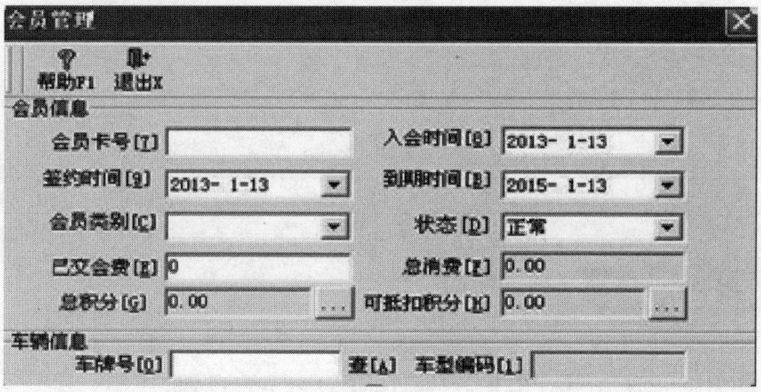

图25-2 会员管理

(二)调整积分

会员积分的调整可以通过"客户服务"菜单栏里的"会员积分"项打开。

在会员积分管理界面(图25-3),可以查询会员的积分明细和调整会员积分。调整会员积分时注意几个要点:

(1)业务员不能为空。

(2)若要批量调整会员的积分,可以在"积分调整"窗口点击"调整"按钮批量修改会

图25-3 积分调整

员的积分,如果是单一调整可以在列表中的"调整积分"栏内输入相应的数值进行调整。

(3)调整完毕后,必须点击"确定"后才会保存修改的结果,如果直接点击"退出"则之前的调整操作将不会生效。

二、任务实施

❶ 准备工作

准备好客户关系管理软件、客户会员信息表。

❷ 技术要求与注意事项

1)技术要求

学生按照要求录入相应的会员信息并进行积分调整

2)注意事项

(1)录入会员信息要准确;

(2)录入后的积分调整注意保存以免调整无效。

❸ 操作步骤

(1)第一步,录入会员信息;

(2)第二步,调整会员积分。

三、学习拓展

目前,会员积分制几乎渗透到商业的各个领域。在我国,许多大型购物中心、超市、酒店、航空业、地产业等实行会员制。

会员积分制营销模式的诞生,是高度商业化发展的必然结果。但是,对于现代会员积分制营销最早的起源,大部分起源于俱乐部制度。

俱乐部是个外来语,是英文"club"的译音,原意为"总会"和"社交圈",也指娱乐场所。俱乐部本身代表着一种组织制度,传统意义上的俱乐部大多数为会员制会员交纳会费,民主选举管理员,制定规章制度,会员活动范围大都是封闭的。目前,这种俱乐部制在我国其他行业或领域内也很盛行,比如汽车俱乐部等。通常来说,俱乐部是针对特定的消费人群,提供相对私密性服务的产业和产业机构。

由于定位用经营目标或条件的不同,产生了许多不同的机制形态,如各种会所、服务机构、团体组织等都称之为俱乐部,但主要差异在于会员制度、服务条件、收费办法,对会员承诺的权利以及会员应承担的义务等条件。

四、评价与反馈

❶ 自我评价

(1)通过本任务的学习你是否学会如何对会员进行管理?

(2)是否掌握调整会员类别的技巧?

_____

(3)是否掌握如何调整会员积分的操作技巧?

_____

(4)通过本任务的学习,你认为自己的知识和技能还有哪些欠缺?

_____

签名:_____　　　_____年___月___日

2 小组评价

小组评价见表25-2。

小 组 评 价 表　　　　　　　　　　　表25-2

序号	评 价 项 目	评 价 情 况
1	是否了解什么是会员积分制	
2	是否掌握会员状态调整及积分维护	
3	是否能合理规范地使用仪器和设备	
4	是否按照安全和规范的流程操作	
5	是否遵守学习、实训场地的规章制度	
6	是否能保持学习、实训场地整洁	

参与评价的同学签名:_____　　　_____年___月___日

3 教师评价

_____

_____

签名:_____　　　_____年___月___日

五 技能考核标准

技能考核标准见表25-3。

技能考核标准表　　　　　　　　　　　表25-3

序号	项目	操 作 内 容	规定分	评 分 标 准	得分
1	录入会员信息	使客户成为会员	20	录入会员信息准确、迅速,与正确的车辆和会员关联;不符合标准酌情扣分	
2	修改会员信息	根据要求修改已入会会员的资料	20	修改正确、快速;不符合标准酌情扣分	
3	定义新的会员种类	在原有的会员种类上,新增一种会员种类,并设置它的折扣	30	定义正确、有效;不符合标准酌情扣分	
4	调整会员积分	根据会员的消费情况调整会员积分	30	积分调整有效、正确;不符合标准酌情扣分	
		总分	100		

项目七 客户关系管理软件使用

学习任务 26　客户接待记录

学习目标

 知识目标

学会在汽车维修接待时时如何将客户接待记录录入系统。

 技能目标

1. 在客户关系管理软件中记录客户预约；
2. 在客户关系管理软件中记录客户追踪情况。

建议课时

2课时。

任务描述

客户王某想要预约进行10000千米维护（保养），我们该如何进行预约呢？客户王某如约而来，我们又该如何在系统中记录他的接待情况呢？

一　理论知识准备

客户要进行汽车维修服务，一般会先预约。客户预约可以按照以下步骤进行。

（一）预约记录

以客户预约进行汽车维修业务为例，登入系统后，选择"维修管理"菜单中的"预约管理"（如图26-1）。点击"登记"按钮，即可记录客户的预约信息（图26-2）。要注意的是，预约客户是根据车牌号查找到客户，所以预约维修的客户档案必须已经保存在系统内，否则需要先将客户档案录入系统后，才能够登记预约。完成后点击右下角的"确定"按钮。

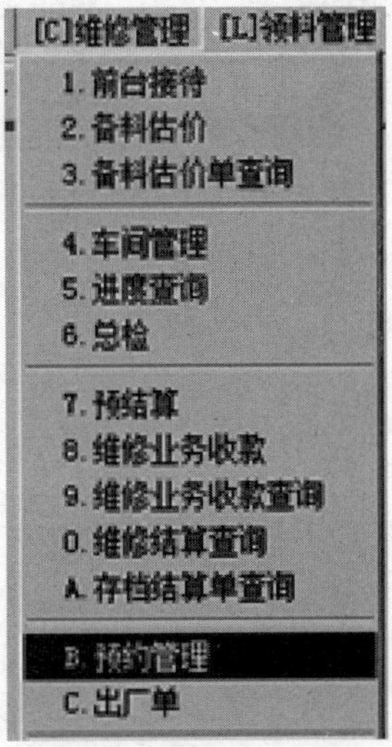

（二）前台接待。

① 已预约客户的前台接待

（1）客户已经提前预约进行维修，可以在"维修管理"菜单

图26-1　预约管理

195

中点击"预约管理",如图26-1所示,然后根据客户号或车辆信息查询客户是否有预约记录,如图26-3所示。

图26-2 预约登记

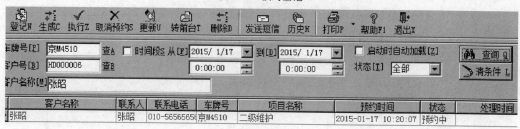

图26-3 查询预约记录

(2)选中预约好的客户,点击"转前台",可以看到客户的基本信息、车辆信息和维修信息的相关资料。根据预约的资料,系统会自动填入相关项目,但是还需要我们手动填入比如行车里程、操作的业务员、维修顾问、消费的方式、维修的车间等项目,完成后点击"保存"、"进厂",界面如图26-4所示。

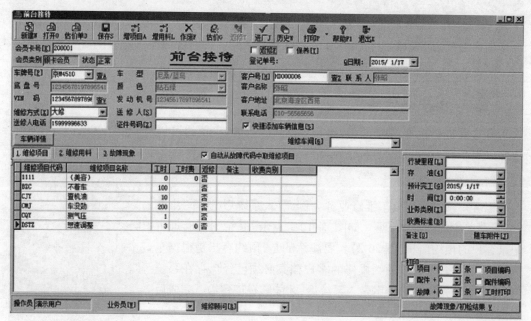

图26-4 前台接待

(3)客户车辆修理完毕并结算后。在"预约管理"窗口中,点击"执行"并评价客户满意度,整个预约过程就完成了。

❷ 无预约客户的前台接待。

(1)点击"维修管理"菜单中的"前台接待",弹出前台接待窗口并点击"新建"按钮,可根据会员卡号、车牌号、VIN码等信息找到客户资料、系统中没有资料的客户,需要先将客户资料录入系统。然后根据用户的要求和车辆情况,由于没有预约,所以需要填入维修项目、维修用料、故障现象、业务员、维修顾问、行驶里程等等项目(图26-4)。

(2)填完之后点击"进厂"按钮,如果还有没有填完的必填项目,系统会提示必须填写,保证无一遗漏之后,则可进厂维修。至此,我们的前台接待操作就完成了。

(三)客户跟踪记录

❶ 客户生日查询

在系统中能够根据已录入客户的信息,查询客户的生日等,方便我们进行客户跟踪,具体操作如下:

(1)点击菜单栏上的"客户服务"功能,并选择"客户生日查询"一项,界面如图26-5所示。

(2)在弹出的操作窗体中,可以根据客户姓名、客户号、过生日的日期段等查询最近是否有过生日的客户,如图26-6所示。

图26-5 客户生日查询

图26-6 查询条件

(3)得到查询信息后就可用群发短信功能,或者是其他方式对客户进行跟踪服务。

图26-7 维修跟踪

❷ 维修跟踪

使用维修跟踪功能,可以将客户在车辆维修出厂后的情况进行记录,例如客户的满意度、投诉记录等。具体操作如下:

(1)在"客户服务"菜单中选择"维修跟踪",如图26-7所示。

(2)在出现的窗体中可以根据结算日期或者客户号、客户名称等查询维修记录,选择我们要进行操作的客户,如图26-8所示。

图26-8 维修跟踪窗体1

（3）在弹出的窗体中记录客户的投诉记录及处理结果和评分等，如图 26-9 所示。

图 26-9　维修跟踪窗体 2

（4）处理完毕后就可在投诉记录中查看具体的情况，如图 26-10 所示。

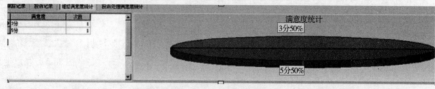

图 26-10　投诉记录

二　任务实施

❶ 准备工作

准备好客户关系管理软件、预约客户信息。

❷ 技术要求与注意事项

1）技术要求

（1）学生按照要求录入相应的预约信息。

（2）根据客户要求在系统中记录前台接待情况。

2）注意事项

（1）录入信息要准确。

（2）前台接待部分需要录入的信息量较大较多，容易出现遗漏。

❸ 操作步骤

（1）第一步，为客户预约；

（2）第二步，为预约客户进行前台接待；

（3）第三步，对客户进行维修跟踪及满意度调查。

三　学习拓展

许多企业客户管理部门都会在一些特别的日子向客户传递祝福，如最常见的生日短信祝福,大多数企业采用标准短信祝福的简单机械式的做法,时间长了,客户感觉到发出这条信息的是一个机器,而不是一个人性化的人,尤其是现在许多客户都会在生日当天收到来自银行、保险公司、通信公司、航空公司等的多个同样的短信祝福。

一位客户在收到宝马汽车的生日祝福时,这样说道:"在宝马寄来的精美直邮中,夹带着一张精致的贺卡,粗看只是宝马汽车传统的前脸隔栅,当打开时才发现被遮盖的隔栅原来是一根根竖立着的蜡烛,每一只蜡烛都闪动着火苗,这一刻让我感受到了来自宝马的用心祝福。"他还讲到了蜡烛的根数刚好就是他的年龄,这让他激动万分。

宝马这种通过直邮来加深与客户的直接联络,并且通过特别的设计来吸引和激发客户体验的做法,无疑让这位客户感受到了宝马汽车在提供服务时所花费的心思。这种加强客户关系的行动取得了非常好的效果。而宝马的客户所津津乐道的一点是,他们总是能够收到宝马汽车适时传递的最适合的信息,在与宝马汽车的沟通过程中,能够体会到从客户出发的精心设计,如在进入冬季的时候,就能够收到来自宝马汽车介绍如何在寒冷天气下保持安全驾乘技巧的直邮,当然宝马汽车也会非常精明的在直邮中附赠冬季轮胎使用手册,但是客户是能够感受到这样的营销是以服务为基础的。

以欢迎礼包为例,以前的欢迎礼包是一个标准的礼包,通常由经销商在客户购买后直接放在车内,那样的欢迎礼包里通常是带有宝马品牌标识的小礼品,以及介绍宝马公司和宝马产品的一些资料。客户并不知道欢迎礼包里面装的是什么,即使知道了也无法更改,因为无论礼包里的东西是否适合客户,都是宝马汽车"免费"提供的。

经过改进后,宝马汽车欢迎礼包是这样提供的:

礼包不是在购车的当时就由经销商直接提供,而在购买后的30天内由宝马客户中心直接送达客户;向客户提供的是一个个性化的欢迎礼包,让车主一看就会意识到这是为他们专门定制的;礼包里的每一件物品都在强化客户对宝马的品牌价值感和服务体验感;由宝马客户中心与客户建立一个开放式的对话,邀请客户加入持续一整年的宝马汽车体验计划;通过宝马客户中心直接发起精心设计的电话跟进沟通,不断深化客户体验;为了改进客户关系,通过开放式的对话进行继承性的客户信息收集。

四 评价与反馈

❶ 自我评价

(1)通过本任务的学习你是否已经知道如何进行客户的预约管理?

(2)是否掌握如何给有预约的客户进行接待信息的录入?

(3)是否掌握对无预约客户的接待信息的录入?

(4)是否了解如何查询客户生日?

（5）通过本学习任务的学习，你认为自己的知识和技能还有哪些欠缺？
_____。

签名：_____　　_____年____月____日

❷ 小组评价

小组评价见表26-1。

小组评价表　　　　　　　　　　　　　　　　表26-1

序号	评价项目	评价情况
1	是否能够利用软件记录客户预约	
2	是否能够利用软件进行前台接待操作	
3	是否能够利用软件进行车辆维修跟踪	
4	是否能够利用软件进行客户信息跟踪	
5	是否遵守学习、实训场地的规章制度	
6	是否能保持学习、实训场地整洁	

参与评价的同学签名：_____　　_____年____月____日

❸ 教师评价

_____
_____。

签名：_____　　_____年____月____日

五 技能考核标准

技能考核标准见表26-2。

技能考核标准表　　　　　　　　　　　　　　　表26-2

序号	项目	操作内容	规定分	评分标准	得分
1	客户预约	将预约客户的相关信息录入系统	20	提前准备客户预约信息，信息录入准确、有效；不符合标准酌情扣分	
2	预约客户接待	为已预约的客户的接待信息录入系统	20	操作正确，信息录入正确；不符合标准酌情扣分	
3	无预约客户的接待	为没有预约的客户录入进行接待并录入信息	20	信息的录入要正确、快速，有效的完成；不符合标准酌情扣分	
4	查询客户生日	设定时间段查询客户生日	20	查询时间段要设置正确，并能准确查询的相应的客户信息；不符合标准酌情扣分	
5	客户投诉处理	处理客户的投诉，并查看处理结果	20	客户投诉处理操作规范、准确；不符合标准酌情扣分	
	总分		100		

参考文献

[1] 李彦,梁晓琳.走出客户关系管理的误区[J].中国管理信息化,2007(3).

[2] 才延伸.汽车行业客户关系管理[M].上海:同济大学出版社,2010.

[3] 佟婷,翁钢民.国内外客户关系管理研究综述[J].现代管理科学,2006(10).

[4] 周丽丽.企业客户关系管理现状研究[J].商场现代化,2008(17).

[5] 曾洪.CRM在物业管理中的运用[J].住宅与房地产,2002(1).

[6] 迈克尔·R·所罗门,卢泰宏.客户行为学中国版.[M].6版.北京:电子工业出版社,2006.

[7] 荆宁宁.客户的分类与管理[J].中国质量,2002(8).

[8] 季新梅.客户关系管理的价值及实施要点[J].市场周刊研究版,2005(5).

[9] 苏朝晖.客户关系的建立与维护[M].北京:清华大学出版社,2007.

[10] 董金祥,陈刚,尹建伟.客户关系管理CRM[M].杭州:浙江大学出版社,2002.

[11] 张学军,吴潇,刘翠响.CRM实施宝典[M].北京:国防工业出版社,2005.

[12] 张慧峰.客户关系管理实务[M].北京:人民邮电出版社,2011.

[13] 裘文才.汽车消费心理学[M].上海:华东师范大学出版社,2014.

[14] 何本琼.汽车售后服务技术[M].北京:人民交通出版社,2012.

[15] 应建明.汽车服务企业管理[M].北京:人民交通出版社,2013.

[16] 韩明祖,朱春龙,程艳辉.汽车营销[M].天津:天津科学技术出版社,2013.

[17] 李晶.汽车及备件营销[M].北京:人民交通出版社,2012.

[18] 田同生.客户关系管理的中国之路[M].北京:机械工业出版社,2001.

[19] 弗雷德里克·纽厄尔.网络时代的客户关系管理[M].李安方,等,译.北京:华夏出版社,2001.

[20] 保罗·格林伯格.实时的客户关系管理[M].王敏,刘祥亚,译.北京:机械工业出版社,2002.

[21] 李琪,杨路明.客户关系管理[M].重庆:重庆大学出版社,2004.